# 내 인생의 자작나무

## 내 인생의 자작나무



발 행 일 초판 1쇄 발행 2021년 9월 30일
지 은 이 서상윤
발 행 인 이영옥

펴 낸 곳 도서출판 이든북
출판등록 제2001-000003호
주 소 대전광역시 동구 중앙로193번길 73
전화번호 (042)222-2536
팩시밀리 (042)222-2530
전자우편 eden-book@daum.net

ISBN 979-11-6701-073-5
값 13,000원

누구나 쉽게
적용할 수 있는

# 내 인생의 자작나무

자서전 쓰기 안내서

서상윤 지음

이든북

# 서문

얼마 전 서른이 넘은 딸이 어버이날을 맞이하여 필자에게 조그만 책 한 권을 선물했습니다. 아이가 책을 선물한 것은 처음이었습니다. 책 제목을 보니 "어버이 자서전"이었습니다. 의외의 책이었습니다. 책을 펼쳐 보니 하얀 백지가 대부분이고 단지 인터뷰 형식으로 60여 개의 질문이 수록된 자서전노트였습니다. 필자는 '딸이 왜 이 책을 선물했을까?', '아빠에게 알고 싶은 것이 뭘까?'를 딸의 입장으로 생각해보았습니다. '과연 아버지는 어떤 사람일까?', '아버지는 어떤 삶을 살아왔을까?', '아버지가 자녀들에게 바라는 것은 무엇일까?', '아빠와 엄마는 어떻게 만나서 결혼했을까?' 등이 알고 싶지 않았을까 생각해보았습니다. 필자는 딸아이가 선물한 자서전노트의 질문들을 모두 작성한 후 다시 딸에게 선물로 주었습니다. 다시 선물을 받은 딸은 호기심과 기대가 가득한 모습을 보이며 즐거워하였습니다.

일반적으로 사람들은 자서전 쓰기를 왜 망설이는 걸까요? 또 자서전을 쓰면서 어려움을 느끼는 것은 무엇일까요? 필자가 자서전 쓰기 프로그램을 진행하면서 조사를 해보니 긍정적인 부분과 부정적인 부분을 확인할 수 있었습니다.

긍정적인 부분은 '아직 밖으로 끄집어내지 못한 상처가 있었는데 그 상처를 끄집어내다 보니 치유가 되면서 좋은 추억으로 간직할 수 있었다. 지난날들을 반추하고 정리하다 보니 내 삶이 얼마나 소중한지 깨닫게 되었다. 사랑하는 가족들에게 자신의 삶을 한 권의 책으로 전해 줄 수 있어서 좋았다.' 등의 내용이었습니다.

부정적인 부분은 '막상 시작해 보려 하니 특별히 내세울 만한 것이 많지 않았다. 본인의 생각을 글로 옮기는 일이 힘들었다. 옛 기억들이 대부분 지워져 다시 소환하는 일이 어려웠다. 마음속에 간직했던 상처와 아픔들을 다시 대면하는 것이 힘들었다.' 등의 내용이 있었습니다.

이 책은 위에서 제시한 문제들을 근원적으로 해소하고 자서전을 쉽게 쓸 수 있도록 생애주기를 고려한 200여 개의 안내 질문을 제시하였습니다. 제시한 질문을 따라가다 보면 마치 잘 그려진 지도를 보고 목적지를 찾아가는 것과 같은 느낌을 받을 수 있습니다.

또 생애주기별 남성과 여성의 자서전 예문을 함께 제시하여 삶의 경험, 문장의 표현, 기억의 소환, 문맥의 흐름 등을 창조적으로 밴치마킹 할 수 있도록 하였습니다.

자서전은 한 개인이 살아온 역사입니다. 필자는 이 책을 쓰기 전 지금까지의 삶을 중심으로 나의 자서전을 직접 써 보았습니다. 자서전 쓰기를 경험해 보니 비로소 '자서전은 왜 써야 하는가?', '무엇을 써야 하는가?', '어떻게 써야 하는가?' 알게 되었습니다. 필자는 이 책을 통해 자서전 쓰기의 경험을 독자들에게 현장감 있게 전수하려고 합니다.

지금까지 자서전을 쓰고 싶었지만 실행에 옮기지 못했다면 이 책이 여러분의 고민을 해결해 드릴 겁니다. 기본적인 설계 외에 이론적인 부분은 최대한 자제하고 누구나 현장감 있고 쉽게 적용할 수 있도록 생애주기별 질문들을 중심으로 다양한 쓰기 재료들을 제시했습니다. 자서전 쓰기를 통해 여러분들의 삶이 풍요로워지고 후세에 좋은 선물이 될 수 있도록 도전하시길 바랍니다.

차례

005…서문

## 1 자서전의 설계

012…자서전, 왜 쓰는가
016…왜 망설이는가
019…무엇을 쓰는가
025…어떻게 쓰는가

## 2 문장, 어떻게 구성할 것인가

030…사건의 진행 순서에 따라 작성하라
033…핵심문장과 보조문장을 구분하라
035…간결한 표현을 사용하라
038…구체성, 논리성을 유지하라
040…인생의 변곡점을 찾아 전개하라

## 3 자서전의 초입부

042…서문 작성
045…목차 구성하기
047…나의 가계도 작성하기

050…나를 찾아가는 인터뷰
052…연대기 작성하기
056…어버이에 대한 회상
062…내가 살던 고향

## 「4 자서전의 중심부

073…출생과 유아기
079…10대 : 질풍노도의 시기
110…20대~30대 : 도전과 열정의 시기
139…40대~50대 : 열매와 성숙의 시기
174…60대 이상 : 인생 2막의 시기

## 「5 자서전의 말미

190…추억이 되는 기록물
192…내 인생의 10대 뉴스
193…미리 써보는 유언장
199…자서전 맺음말

202…맺음말

제1부

# 자서전의 설계

최근 들어 자서전 쓰기가 대중들에게 많은 관심을 받고 있습니다. 과거에는 자서전이 특정 사람들에게만 주어진 전유물로 생각했습니다. 그리고 생존경쟁 속에서 긴 터널을 빠져나오느라 자신의 삶을 기록하는 것에 관심이 많지 않았습니다. 그러나 지금은 경제적 정신적으로 여유가 생기면서 삶의 과정들을 사진, 영상, 글을 통해 흔적을 남기려는 시도가 계속되고 있습니다.

# 1/ 자서전, 왜 쓰는가

필자는 인생 2막을 맞이하면서 나의 자서전을 집필했습니다. 만약 여러분들이 나에게 왜 자서전을 쓰게 되었느냐고 묻는다면 나의 대답은 이렇습니다.

첫째, 지나간 삶을 조명해 보면서 진정으로 나는 어떤 사람이었는가를 알고 싶었습니다. 둘째, 내 삶을 기억하고 기록하고 음미함으로써 지난 시절을 체계적으로 정리하기 위해서입니다. 셋째, 후세에게 자서전을 선물로 제공하여 그들이 행복한 삶을 살아갈 수 있도록 방향을 제시하기 위해서입니다. 넷째, 삶의 성찰을 통해 여생을 의미 있고 가치 있는 삶을 추구하고 싶었습니다. 마지막으로 자서전 관련 책을 출판하기 전 본인이 자서전 쓰기를 직접 경험해 봄으로서 현장감 있게 전달하기 위해서입니다.

자서전은 나의 역사이고 한 권의 책입니다. '삶은 기억이다'라는 말이 있습니다. 다시 말하면 '기억되지 않는 삶은 삶이 아니다'는 말과 같습니다. 하지만 기억 자체가 상처로 남아 떠올리고 싶지 않은 부분도 있을 것입니다. 이는 기억 자체가 삶의 장애가 된다 생각하기 때문입니다. 그러나 기록은 치유의 힘이 있습니다. 누구나 상처가 있고 고통스럽고 슬픈 일이 있습니다. 자기 역사를 쓰다 보면 자기 아픔을 다시 보게 되고, 정화할 수 있고, 그리운 추억으로 자리매김을 할 수 있습니다.

지난 삶 자체가 어떤 모습이든 그 또한 나의 소중한 삶입니다. 지나고 보면 불행 자체가 불행으로만 남지는 않습니다. 불행했던 사건이 나중에 생각을 해보면 그 자체가 지금의 행복을 견인하는 역할을 하기도 합니다.

자서전을 쓰는 것은 지금까지의 삶을 되돌아보고 정리한다는 의미도 있지만 내가 어떤 사람인지 깨닫고 앞으로 어떤 가치관을 가지고 살아갈 것인지 정리해보는 시간입니다. 또 지난 삶의 성찰을 통하여 앞으로의 삶에 대한 중요한 가치를 정하고 이를 기준으로 더 좋은 삶을 살기 위해서입니다. 자신의 실패를 숨김없이 써 내려가다 보면 그 실패에 대해서 면밀하게 분석을 할 수 있습니다. 자기 역사를 작성하는 일은 단순히 자신의 과거를 써 내려가는 것에 머물지 않습니다. 지금의 내 관점에서 과거를 다시 보고, 어떻게 변화해 왔는지 돌아볼 수 있습니다.

사람들은 지나온 삶을 온전하게 기억하고 있을까요? 그렇지 않습니다. 망각이라는 현상이 삶의 과정에서 필연적으로 나타나기 때문입니다. 특히 나이가 들어갈수록 이러한 현상은 두드러지게 나타납니다. 알츠하이머 증세처럼 아주 오랜 시절 기억은 생각이 나는데 최근의 기억이 잘 생각나지 않는 경우도 있습니다.

사람들은 나이가 들수록 시간이 빨리 가는 것 같다고 말합니다. 그 이유는 시간의 길이는 같은데 머릿속에 기억될 만한 것이 많지 않기 때문에 나타나는 현상입니다. 도전의식과 열정이 식어가고 새로운 것들이 없으면 지나온 시간이 기억되지 않습니다. 일상이 아무리 바빠도 똑같은 일들이 반복적으로 이루어지는 것이라면 그 또한 마찬가지입니다. 나이가 들어도 도전하고 새로운 경험들을 지속적으로 축적해낸다면 기억될 만한 소재들이 많아지고 시간 부자로 살 수 있습니다. 그렇다면 기억을 활성화해서 온전하게 살려면 어떻게 해야 할까요? 그것은 바로 일기나 자서전 같은 수단을 활용하여 '기억을 기록으로 남기는 것'입니다.

우리의 인생은 이야기의 연속성을 갖는 한 권의 책과 같습니다. 자서전 쓰기를 통해 지난날의 소중한 추억을 반추하고 생의 커다란 전환점이 되는 계기들을 중심으로 정리하다 보면 우리의 삶이 얼마나 소중한지 저절로 깨닫게 됩니다. 그리고 자서전을 자녀들에게 제공함으로써 미래의 방향성을 제시하고, 위기를 극복할 아이디어와 용기를 얻게 함으로써 삶의 진정한 의미를 깨달을 수 있게 합니다.

스티브 잡스의 생전 마지막 프로젝트는 자서전 쓰기였습니다.

전자책이 아닌 종이책으로 자서전을 내기 위해 평소 자신에게 비판적이었던 언론인인 월터 아이작슨에게 대필을 부탁했습니다. 그것도 삼고초려를 해서 말입니다. 자서전을 쓰기로 허락한 월터 아이작슨은 왜 나를 대필자로 선택했는지 그 이유를 물었답니다. 스티브 잡스는 이렇게 말했습니다.

"아이들에게 보여주려 합니다. 자기 아버지가 어떠한 삶을 살았고 어떻게 지내왔는지 어떤 사람이었는지 말입니다. 당신이야말로 나를 가장 진실하게 표현해 줄 수 있는 사람이라고 생각했기 때문입니다."

자서전은 삶에 대해 양심적이고 솔직하게 서술되었을 때 신뢰를 얻을 수 있음을 말해주는 대목입니다.

# 2/ 왜 망설이는가

우리는 왜 자서전을 써야 하는지에 대해 충분히 생각해보았습니다. 그럼에도 불구하고 망설이는 이유는 뭘까요? 많은 사람들은 이렇게 말합니다. 자신의 역사를 기록으로 남긴다는 것은 매우 의미있는 일이지만 글솜씨가 없고, 내세울 만한 특별한 내용도 없고, 기억하고 싶지 않은 상처나 흑역사들이 많아서 다시 들추어내는 것이 부담스럽다는 것이었습니다. 생각을 표현하는 것, 기억을 소환하는 일은 노력하면 그래도 가능할 수 있으나 자신의 흑역사를 드러내는 일은 그야말로 용기가 필요한 일이 아닐 수 없습니다.

우리 문화는 서양 문화와 달리 겸손과 체면을 중시하는 문화로 자기의 흑역사나 과실을 드러내는 것을 경계하는 경향이 있습니다. 자서전 형식의 역사자료를 보면 개인을 드러내고 싶지만 드러낼 수 없는 문학적 전통 속에서 가상의 존재를 빌려서 자신의 이야기를 하는 것도 엿볼 수 있습니다. 유명 작가인 조지 오웰은 "자서전은 수치스러운 점을 밝힐 때만이 신뢰를 얻을 수 있다."라고 말했습니다. 하지만 선택은 자신만이 할 수 있습니다. 다른 사람에게 상처를 줄 수 있거나 비밀이 폭로되어 큰 파장이 예상되거나 약속을 어겨 자신의 신뢰에 큰 타격이 예상되는 것이라면 묻어 두고 갈 수도 있습니다. 그러나 자서전을 쓰다 보면 자신의 상처가 치유되는 놀라운 기적이 나타나기도 합니다. 그리고 용서의 힘과 마음의 평안도 얻을 수 있습니다.

지금까지 우리는 자서전을 성공한 특정 인물의 전유물로 여겨 왔습니다. 그런데 최근 들어 삶의 과정들을 사진, 영상, 글을 통해 흔적을 남기려는 시도가 활발해지고 있습니다. 자서전은 한 개인의 성숙 과정을 나타내는 글입니다. 자신의 삶이 어떤 형태였든 간에 상관없이 그 삶을 통해 자신이 성장했음을 부인할 수는 없습니다. 행복이란 것도 불행 요소가 있었기에 드러나는 것입니다. 행복감정이 긍정 감성만 있는 것은 아니라는 것입니다. 부정감성 즉 고통이 행복을 견인하는 중요한 역할을 하기도 합니다.

삶은 한 개인의 역사입니다. 한 개인이 성장하는 과정에서 크고 작은 사건들이 존재하는 것은 지극히 당연합니다. 그리고 순간순간 선택을 잘한다고 하지만 나중에 생각해보면 그렇지 않은 것도 많습니다. 그러나 내가 선택한 결과이기 때문에 기꺼이 받아들이고 책임도 지는 것입니다. 희극인 찰리 채플린은 "인생은 가까이서 보니 비극이었는데 멀리서 보니 희극이었다"라는 말을 했습니다. 당시의 선택이 몹시 괴롭고 힘이 들었지만 세월이 지난 지금에 와서 보니 나에게 큰 성장을 안겨 준 것이었음을 고백한 것입니다.

자서전을 쓴다는 것은 쉽지 않은 일입니다. 그 이유는 부정상상이 나를 지배하기 때문입니다. '내가 잘 쓸 수 있을까? 쓰다가 포기하지 않을까? 누가 내 인생에 관심을 둔단 말인가? 특별한 것도 없는 인생 그냥 묻어 두는 게 낫지 않을까?' 등 온갖 망설임이 발동할 것입니다. 하지만 이런 망설임을 걷어내고 일단 시작해 보면 기대했던 것 이상으로 큰 보람을 안겨줄 것입니다. 자서전을 쓰는 과정에서 이 책은 여러분들의 망설임과 어려움을 극복할 수 있도록 좋은 안내서가 될 것입니다.

# 3/ 무엇을 쓰는가

우선 생애주기별 뼈대를 잡는 것이 중요합니다. 이후 뼈대에 살을 붙이게 되면 하나의 몸체가 드러나게 됩니다. 그런데 살을 붙이려면 글감이 있어야 합니다.

글감을 모으려면 개인사뿐만 아니라 주변 환경, 사회 전체를 들여다보는 눈을 가져야 합니다. 중요한 순간을 기준으로 내 삶을 돌아보는 방법, 사활을 걸고 도전했던 순간, 극심한 감정을 느꼈던 상황, 성취했던 순간, 실패했던 사건 등 변곡점을 중심으로 그것들이 내 삶에 어떤 영향을 미쳤는지 생각해보아야 합니다.

경력 부분은 전직, 직장 내 이동, 역량개발, 승진 등의 역사가 들어가는 것이 좋고, 개인 생활사는 주소 변경의 역사를 더듬어보면서 접근하면 쉽게 찾아 들어갈 수 있습니다. 인간관계 측면에서는 가족관계, 자신의 직장, 활동했던 단체를 중심으로 마인드맵 형식으로 만들어보는 것도 좋습니다.

자서전을 쓰다 보면 좋은 기억과 나쁜 기억이 공존합니다. 좋은 기억들이 많으면 과거를 회상해도 즐겁지만 나쁜 기억이 많으면 생각만 해도 불쾌해집니다. 특히 나쁜 기억들이 남 탓이라고 생각될 때는 고통의 깊이는 더욱 커집니다. 그런데 당시의 상처나 문제가 내 잘못이 아닐지라도 그에 대한 책임은 본인이 짊어져야 합니다. 그 이유는 문제를 헤치며 앞으로 나아갈 책임과 주어진 상황 속에서 최상의 선택을 할 책임은 언제나 자신에게 있기 때문입니다. 과거의 삶을 온전히 바라볼 수 있을 때 현재의 삶이 단단해지고, 비로소 자신의 삶을 소중하게 기념할 수 있고, 놓아 줄 수도 있습니다.

자서전 쓰기를 통해 당시의 부정적인 상황을 치유하고 성찰하고 더 나은 삶을 살고자 하는 노력을 통해 스스로가 성장할 수 있는 계기가 될 수도 있습니다.

글감은 기억으로부터 나옵니다. 자서전 쓰기를 막상 시작해 보면 과거의 기억들을 소환하는 경험을 자주 하게 됩니다. 생애주기 안에 들어가서 기억에 있는 글감을 하나하나 찾다 보면 또렷이 떠오르는 것이 많지 않음을 알게 됩니다. 기억 속에 있는 것을 모두 기록했다고 생각했는데 어느 순간 새로운 기억이 불쑥불쑥 튀어나오기도 합니다. 스치듯 떠오르는 기억은 사라지는 것도 순간적입니다. 이때는 시간과 장소를 불문하고 곧바로 기록해 두어야 합니다. 또 어떤 기억은 지금 쓰고 있는 생애주기는 아니지만 다른 기억들과 연관되어 끼어들 듯이 떠오르기도 합니다.

수십 년 전 학창시절을 돌아보면, 지금도 뚜렷이 기억되는 순간이 있습니다. 새로운 경험, 성적, 소풍, 여행, 이성 교제, 감사, 친구와 다툼, 행사 참여 등 그때의 분위기와 느낌, 주위 사람들의 반응이 고스란히 추억으로 소환될 겁니다. 반면에 평범했던 일상은 기억에서 사라집니다. 왜 그럴까요? 심리학자들에 따르면 사람들은 경험이 지속되는 시간은 경시하고 최고 또는 최악의 순간만 장기 기억으로 남는다고 말합니다. 이는 우리가 매 순간의 경험을 균등하게 계산하지 않고 인상적인 순간만 의미 있게 남기 때문입니다. 이러한 기억들은 어디에 저장되어 있다가 이렇게 순간적으로 소환되는 것일까요?

기억이란 저장되는 순간부터 무엇을 기억하고 무엇을 하지 않을 것인지 결정됩니다. 어떤 기억은 각인되어 장기 기억으로 보존되고, 어떤 기억은 기억의 범주조차 들어가지 못하고 희미해지면서 사라져버립니다. 이러한 단기기억은 단순한 사건이나 일상의 반복 경험의 산물로 쉽게 사라지지만, 장기 기억은 인생의 변곡점, 새로운 경험, 도전, 성공과 실패, 상처, 에피소드 등으로 오랫동안 우리 삶의 주변에서 맴돌기도 합니다. 또 장기 기억 중에는 어느 기간 동안 어떤 목적을 위해 지속적으로 반복했던 조선시대 역대 왕, 구구단, 화학의 원소기호, 영어 단어 등은 아직도 우리의 기억에 남아 있습니다. 이런 현상은 생성된 기억이 망각되지 않도록 장기간 유지 활동을 했기 때문입니다. 그렇다면 잠재되었는 기억을 소환하려면 어떤 수단을 활용해야 할까요?

첫째, '기록물'입니다. 지난 시절의 일기나 틈틈이 기록해 놓았던 글들이 있으면 자서전을 쓰는 데 매우 유용한 자료가 됩니다. 그러나 아쉽게도 여러 이유로 글들을 쓰지 못했거나 썼다고 해도 보존되어 있지 않은 경우가 많습니다. 그래서 기억에 의존할 수밖에 없는 것이 현실입니다.

지금부터라도 결과물들을 발생 직후 기록해 놓는다면 생생하고 현장감이 있고 왜곡이나 변형의 위험도 줄일 수 있습니다. 그때그때 기록을 하지 못했더라도 연말에 나의 10대 뉴스를 글과 사진으로 정리만 해 놓아도 훗날 인생의 큰 보물이 될 수 있습니다. 10년 후 내 인생의 100대 뉴스를 정리하여 한 권의 책으로도 출판할 수 있습니다. 필자는 한 권의 책을 읽으면 그 내용을 A4 5쪽 정도로 축약해서 파일로 저장해 둡니다. 가끔 책 파일을 열고 그 내용을 다시 음미하며 내면화하기도 합니다. 여행을 다녀오면 반드시 여행기를 작성해 놓습니다. 요즘은 스마트 폰을 활용하여 사진과 글을 영상으로 남겨 놓습니다. 이러한 결과물들은 자주 꺼내서 보진 않아도 언제든지 열면 볼 수 있는 편리한 도구들입니다. 때때로 노트북을 사용 시 가끔 검색하여 파일을 열어보며 추억을 소환하기도 합니다.

둘째, 사진첩을 들여다보는 것입니다. 옛날엔 사진첩을 기억의 저장소로 사용했습니다. 과거에는 SNS를 활용하는 시대가 아니었기 때문입니다. 그런 사진첩들은 책장이나 장롱 속에 빛바랜 모습으로 보관되어 있습니다. 그것들을 꺼내어 들여다보면 생애주기별 당시의 이야기들이 사진 속에 담겨 있습니다. 디지털노마드 시대에 기억을 저장하는 다양한 SNS들이 있습니다. 자신의 사진이나 글을 담아 놓는 밴드, 블로그, 트윗, 인스타그램, 페이스북, 유튜브 등을 이용해서 저장하기도 합니다. 이것들을 하는 이유는 기억을 저장하고 나만의 추억 장소를 만들고 싶기 때문입니다.

셋째, 추억의 장소를 방문해 보는 것입니다. 자서전을 쓰다 기억이 고갈되면 그 장소에 가보면 과거의 기억이 새록새록 떠오르는 경험을 할 수 있습니다. 비록 주변 환경이 변했더라도 이곳에서 어떤 일을 했으며 어떤 생각을 하며 살았고 그곳이 내 인생에 어떤 영향을 미쳤는지 알게 합니다. 필자는 지금까지 전국을 돌며 15회의 이사를 하며 살았습니다. 그 장소들은 내 인생의 흔적들이 고스란히 남아 있습니다. 자서전을 쓰기 시작하면서 추억의 장소들을 모두 다녀왔습니다. 사진도 찍고, 당시의 지인들을 만나 인터뷰도 하고, 단골 음식점에서 식사도 하면서 기억들을 더듬어 갔습니다. 각각의 장소들은 과거의 기억을 소환하는 데 중요한 역할을 했습니다. 특히 유년기, 초등학교 시절은 기억이 많지 않은데 필자가 태어나고 자란 집, 놀이터, 들판, 시냇가 등은 그때 그 시절로 나를 생생하게 안내했습니다.

마지막으로 당시에 인기 있었던 음악이나 영화, 읽었던 책입니다. 필자는 학창시절의 자주 접했던 노래가 가장 절실히 다가옵니다.  지금도 여전히 공중파에서 그 노래들이 나오면 그 시절로 다시 돌아가곤 합니다. 또 두세 편의 영화와 몇 권의 책이 있는데 그 또한 소중한 추억의 자산입니다.

# 4 / 어떻게 쓰는가

아마추어에게 글 쓰는 작업은 늘 부담스럽습니다. 또 기억의 파노라마가 자주 끊기기도 합니다. 이는 평소에 글쓰기를 할 기회가 많지 않아서 그런 것입니다. 통상 자서전 쓰기는 아래와 같은 흐름을 갖습니다.

생애주기 ⇒ 소주제 ⇒ 핵심어 ⇒ 분류 (grouping) ⇒ 구조화 (naming) ⇒ 매듭

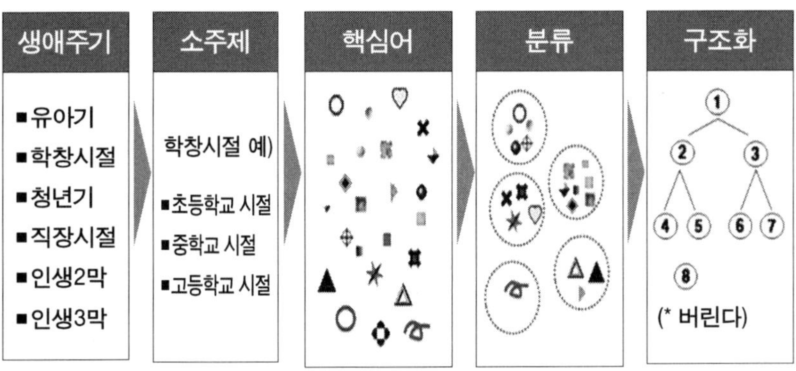

생애주기는 시절 순으로 구성하면 좋습니다. 생애주기 내에서 변곡점이 되는 사건들을 중심으로 소주제를 선정합니다. 소주제가 선정되면 주제별 발상을 통해 생각의 조각(핵심어)들을 나열하는데 이는 다다익선이 효과적입니다.

핵심어들은 유사한 것끼리 분류(grouping)하고 등장하는 순서를 정하여 자리를 잡아줍니다. 핵심어에 살을 붙여 문장과 문단을 만듭니다. 문단을 구성할 때는 분류된 핵심어를 구조화하는 일로서 핵심(어)문장이 맨 앞에 등장하고 나머지 문장은 핵심문장을 보조해 주는 역할을 합니다.

구조화는 대개 시간성과 논리성에 맞춥니다. 시간 순서에 따르는 것이 시간성에 맞춘 구조이며, 인과관계나 사건을 중심으로 순서를 잡아주면 이는 논리 구조에 맞춘 것이라고 할 수 있습니다.

마지막으로 매듭을 짓는 순서입니다. 핵심이 없이 주변 글만 무성하면 가치가 떨어집니다. 중심 글과 주변 글의 분량은 20:80으로 하면 좋습니다. 주변 글들이 중심 글을 얼마나 잘 지원하도록 구조를 갖추었는가 하는 것이 구조화의 핵심입니다.

자서전 쓰기는 여러분들이 생각하는 것처럼 어렵지 않습니다. 다른 장르에 비해 서술에 별다른 제약도 없습니다. 나의 삶을 소재로 작성하기 때문에 글감도 어렵잖게 모을 수가 있습니다. 그러나 단서가 있습니다. 과장이나 허구가 없이 자신의 이야기를 솔직하게 담아내야 한다는 것입니다.

이 책에서 제시한 200여 개의 질문자료를 활용하여 기억나는 대로 '마구 쓰기'로 시작해 보세요. 마구 쓴 글은 이 책에서 제시한 기본 규칙을 적용하여 반복적으로 고쳐쓰기를 하면 완성도가 높아집니다.

또 이 책에서 제시하고 있는 자서전 예문을 창조적으로 밴치마킹 할 수도 있습니다. 예문 읽기는 작가의 인간상을 탐구해 보는 것으로 사건의 계기나 결심, 사건 후의 느낌이나 변화를 탐구해 보는 것입니다.

예문을 탐구할 때는 변곡점 혹은 사건마다 과거→현재→미래의 용법을 적용하면 좋습니다. 과거의 사건을 토대로 '그 사건이 나에게 미친 영향은 무엇인가? 그 일이 현재 나에게 어떤 의미가 있는가? 앞으로 어떤 가치관을 가지고 살아갈 것인가?' 역점을 두는 것입니다.

'구슬도 꿰어야 보배'라는 말이 있습니다. 우리는 생애주기 동안 많은 것을 경험하고 살아왔습니다. 하지만 지난 시절들이 기록으로 정리되어 있지 않다 보니 기억 속에서 사라지고 있습니다. 시간이 지나면서 삶의 기억이 사라져 가다 보니 인생이 허무하게 느껴지는 것입니다. 기억이라는 구슬을 꿰는 방법은 기록하는 것입니다. 기록은 기억을 소생시킵니다.

기록되지 않는 기억은 완전하지 못합니다. 살면서 지식, 정보, 가치관, 생활환경, 라이프 스타일 등의 변화로 생각이 수시로 왜곡됩니다. 그 이유는 선택적으로 보고, 말하고, 느끼고 행동하는 습성 때문입니다. 그렇다고 해서 꼭 정확하게 기록해야 하는 것은 아닙니다. 자서전은 내 공간입니다. 다른 사람이 끼어들 수는 없습니다. 각자의 기억을 진실하게 쓰면 되는 것입니다.

자서전을 쓰는 것은 지금까지의 삶을 되돌아보고 정리한다는 의미도 있지만 내가 누군지도 알게 합니다. 지난 삶을 성찰하고 어떤 가치관을 가지고 살아갈 것인지 인생의 방향을 정립하게 합니다.

자서전은 한 번만에 완벽하게 기록할 수 없습니다. 쓰는 과정에서 생각이 수시로 변화하고 새로운 기억들에 불쑥불쑥 튀어나오기도 합니다. 문장의 표현도 읽어 볼 때마다 만족스럽지 못하여 손을 대기가 일쑤입니다. 이런 과정이 거듭될수록 완성도가 높아집니다.

자서전은 자신을 위해 쓰는 것이지만 후세를 위한 것이기도 합니다. 나를 위한 것이 결국 남을 위한 것이 되기도 합니다. 일반적인 관습에 따르지 않고 "이렇게 하고 싶다. 이렇게 해주었으면 좋겠다. 이렇게 하지 않았으면 좋겠다" 등 자신의 희망 사항을 분명하게 기록해 주는 것이 좋습니다. 그래야 남겨진 사람들이 큰 어려움이 없이 뒷일을 잘 마무리할 수 있습니다

제2부

# 문장, 어떻게 구성할 것인가

자서전의 문장 구성은 비교적 쉽습니다. 이 책에서는 생애주기별 전개가 가능하도록 뼈대가 어느 정도 갖추어져 있기 때문입니다. 어떤 경우는 삶의 전환점(터닝포인트)을 중심으로 인생의 한 구간을 집중적으로 조명할 수도 있습니다. 자서전은 시니어들만의 전유물이 아닙니다. 세대별 지난 삶을 돌이켜보고 성찰을 통해 삶에 남은 삶에 대해 올바른 방향성을 가질 수 있기 때문입니다. 그렇다면 초보 글쓴이가 문장을 구성할 대 염두에 두어야 할 사항은 무엇일까요?

내 인생의 자작나무

# 문장, 어떻게 구성할 것인가

## 1. 사건의 진행 순서 따라 작성하라

이 방법은 자서전에서 가장 많이 사용하는 것으로 생애주기를 고려하여 자신의 역사적 사실을 시간순서대로 나열하는 방식입니다. 연령대별 에피소드와 함께 전개하면 효과적입니다. 생애주기 내에서 주요 사건은 과거·현재·미래의 시제를 사용하면 좋습니다. 즉 과거 사실과 그것이 나에게 미친 영향, 현재 나의 상태, 이후 변화된 모습(혹은 전망, 기대, 행동, 의지 등)을 기술해주면 됩니다.

**▶자서전 예시글**

"너는 크면 무엇이 되고 싶니?"라고 물으면 어릴 때 나는 사람들에게 크면 소아과 의사가 될 거라고 말하곤 했다. 어른들이 그

대답을 좋아한다는 사실을 일찌감치 알아차렸기 때문이다. 그래서 나는 무슨 수를 써서라도 학교에서 A를 받아냈다. 야망이 있는 아이였지만 정확히 무엇을 이루고 싶은지는 당시에는 몰랐다.

지금까지 살아오면서 나는 변호사였고 병원 부사장이었고 젊은 이들이 의미 있는 경력을 쌓도록 돕는 비영리단체의 책임자였다. 그 과정에서 남편 오바마를 만나 결혼했고 남편은 대통령에 출마하여 당선되었다. 나는 미 합중국의 퍼스트레이디가 되었다.

그 일은 나를 떨쳐나서도록 하는가 하면 겸허해지도록 했고, 들뜨게 하는가 하면 움츠러들게 했으며, 가끔은 그 모두를 동시에 겪도록 했다. 나는 마지못해 공인으로 살기 시작한 뒤로 세계에서 가장 유력한 여성으로 치켜세워졌고, '성난 흑인 여자'라고 깎아내려졌다. 이런 말로 나를 비방한 사람들에게 특히 어느 대목이 못마땅하냐고 묻고 싶은 적이 한두 번이 아니었다. "'성난'인지 '흑인'인지, '여자'인지?"라고. 나는 지난 몇 년 동안 TV에 출연하여 내 남편에게 온갖 욕을 해댔으면서도 자기 집 벽난로에 얹어둘 액자를 갖고 싶어하는 사람들을 위해서 웃으며 기념사진을 찍어주었다. 진흙탕 같은 인터넷 공간에서는 내 존재의 모든 것을 의심하는 말이 돌아다닌다고 전해 들었다. 심지어 내가 여자인지 남자인지 모르겠다는 소리까지도, 어느 현직 연방하원의원은 내 엉덩이가 너무 크다고 조롱했다. 나는 상처받았다, 화가 났다. 그러나 대체로 그 모든 일을 웃어넘기려고 애썼다.

나는 지난 몇 년간 겪었던 그 일들을 이제야 천천히 반추해 보고 있다. 나는 8년 동안 백악관에서 살았다. 엘리베이터와 볼링장이 있고, 상주하는 플로리스트까지 있었다. 잠은 이탈리아산 리넨 침구를 씌운 침대에서 잤다. 식사는 세계 정상급 요리사들이 조리해주었고, 어느 5성급 레스토랑이나 호텔 종업원 못지않게 철저히 훈련받은 프로들이 서빙 해주었다. 방문 밖에는 늘 이어폰을 꽂고 창을 차고 무장한 얼굴을 유지하는 비밀 경호국 요원들이 가급적 우리 가족의 사생활을 침범하지 않으려고 애쓰면서 지키고 서 있었다. 안전을 위해서 모든 창문을 꽉 닫아두어야 한다는 사실에 야단법석을 일으키지 않고서는 바깥 공기를 쐴 방법이 없다는 사실에 가끔은 숨이 막힐 것 같았다.

임기가 끝나는 마지막 몇 주간은 북받치는 작별행사가 일정에 가득했어도 막상 마지막 날이 닥치니 모든 것이 그저 흐릿했다. 전임대통령의 가구가 실려 나가고 새 대통령의 가구가 들어온다. 불과 몇 시간 만에 서랍들이 몽땅 비워지고 새로 채워진다.

우리 가족은 마침내 조용한 주택가인 붉은 벽돌집으로 이사했다. 거실 가구 배치는 백악관 때와 똑같이 해주었다. 집안 곳곳에 지난 시간이 현실이었음을 상기시키는 기념품들이 있다. 오늘 밤은 모든 가족이 다 나가고 없다. 그래서 내 곁에는 개 두 마리, 그리고 8년간 겪어보지 못했던 조용한 빈집뿐이었다. 배가 고팠다. 침실을 나서서 발치를 따르는 개들을 거느리고 아래층으로 내려가서 냉장고를 열었다. 빵 두 조각을 꺼내 토스터에 집어넣었다. 찬장을 열고 접시를 꺼냈다. 이상하게 들리겠지만, 나 대신 해주겠다고 고집하는 사람 없이 손수 찬장에서 접시를 꺼내고 토스터에서 빵이 노릇노릇 구워지는 모습을 지켜보자고 있자니 예전 삶으로 얼추 돌아간 것 같은 기분이었다. 아니면 새 삶이 서서히 모습을 드러내는 것인지도 모른다. 접시를 들고 뒷마당으로 나갔다. 밖으로 나간다고 누구에게 미리 알릴 필요가 없었다. 그냥 나갔다. 나는 맨발이었고 반바지를 입고 있었다. 드디어 겨울 냉기가 걷힌 것 같았다. 공기에서 봄 내음이 났다. 우리 가족 모두는 잠시 한숨 고르며 백악관 이후의 삶에 적응하는 중이다.

(bccoming, 미셸 오바마 자서전 중에서)

## 2. 핵심문장과 보조문장을 구분하라

핵심어와 보조어를 이용하여 마음 가는 대로 글을 한 번 써봅시다. 이후 핵심어를 중심으로 작성된 핵심문장은 단원의 맨 앞으로 배치되도록 구성합니다. 보조문장은 보조어를 중심으로 작성하되 핵심문장을 뒷받침할 수 있도록 시간순서 식으로 배치합니다.

※ 핵심어 : 추석

※ 보조어 : 보름달, 부모님, 성묘, 송편

■예문#1. 배치 순서와 관계없이 마구 쓰기

오늘 밤은 보름달이 유난히 둥글고 풍성하다. 이 밤이 새면 우리 민족의 고유 명절인 추석이다. 밤이 되면 가족들이 모두 모여 한 해 동안 지은 햇곡식과 햇과일로 정성껏 차례를 지낸다. 시골집 뒤안에는 모시 나무가 있어 부모님은 추석에 모시 잎을 이용하여 송편을 만드셨다. 추석날 아침에는 돗자리와 약간의 음식을 싸서 들고 아버님을 비롯한 남자들만 성묘했다. 지금도 추석이 되면 모시 향이 깃든 송편이 생각나고 부모님이 그리워진다.

■예문#2. 핵심문장과 보조문장을 구분하여 쓰기

내일이 추석이다. 추석이 다가오니 부모님이 그리워진다. 밤이 되니 크고 둥근 보름달이 풍성하게 떠오른다. 가정에서는 한 해 동안 지은 햇곡식과 햇과일로 정성껏 차례를 지낸다. 시골집 뒤안에는 모시 나무가 있다. 부모님은 추석에 모시 잎을 이용하여 송편을 만드셨다. 추석날 아침 남자들은 돗자리와 약간의 음식을 준비하여 성묘했다. 전통적으로 성묘는 남자들만의 성역이었다. 지금도 추석이 되면 모시 향이 깃든 송편과 노란 황금 들판, 시골길, 부모님이 그립다.

핵심문장과 보조문장을 구성하는 방식 중 두괄식 표현이 있습니다. 두괄식 표현은 결론–본론–결론 형식의 문장입니다. 결론을 먼저 던지게 되면 다음에 나올 내용을 이해하기 쉽고 답답함이 없어집니다. 따라서 핵심문장을 맨 앞에 등장시킵니다.

■ **예문, 어느 엄마가 밥을 빨리 줄까요?**

| 철수 엄마 | 영희 엄마 |
|---|---|
| •엄마! 점심때 배가 갑자기 아파서 혼났어!<br>•그래서 점심을 못 먹었어요<br>•배고파 죽겠어요. 밥 좀 주세요! | •밥 좀 주세요<br>•배고파 죽겠어요<br>•배가 갑자기 아파서 점심을 못 먹었어요. |

## 3. 간결한 표현을 사용하라

문장은 간결하고 쉽게 쓰는 것이 중요합니다. 문장이 길거나 어려운 용어가 등장하면 읽는 사람의 이해도에 영향을 미칩니다. 인간의 단기기억 한계를 고려하여 단문, 즉 1문장에 1항목(30자 이내)만을 표현하는 것입니다. 문장은 짧을수록 그리고 누구나 알 수 있는 쉬운 용어와 숫자를 사용하면 이해하기 쉽습니다.

**■예문#1 마구 쓰기**

> 새해가 되면 떡국을 먹고 나이도 한 살 더 먹는데 음식이나 시간만이 아니고 마음도 먹는다고 하면서 마음먹기에 따라 한국인은 무엇이든 먹을 수 있다고 말한다. 돈도 떼어먹고 욕도 얻어먹고 때로는 챔피언도 먹는다고 하는가 하면 전 세계가 한 점 잃었다고 말하는 축구 경기에서도 우리는 한 꼴 먹었다고 표현한다.

**■예문#1 간결하게 작성된 문장**

> 새해가 되면 떡국을 먹는다. 나이도 한 살 더 먹는다. 음식이나 시간만이 아니다. 마음도 먹는다고 한다. 마음먹기에 따라 한국인은 무엇이든 먹을 수 있다. 돈도 떼어먹고 욕도 얻어먹고 때로는 챔피언도 먹는다. 전 세계가 한 점 잃었다고 말하는 축구 경기에서도 우리는 한 꼴 먹었다고 표현한다.(자료, 디지로그, 이어령)

다음은 문장의 간결성, 전체적인 느낌, 내용의 흐름 등을 종합적으로 살펴봅시다. 어느 글이 읽는 사람을 더 감동시킬 수 있을까요?

■예문#2 마구 쓰기

> 깊은 밤 멀리서 들려오는 기차 소리를 들으면 '에미 걱정 말고 니 몸 하나 잘 챙겨라. 객지 생활에 몸이 건강해야지.…' 하시던 어머니의 편지가 생각나면서, 옆에 있던 친구 이 일병이 그 편지를 보고선 "짜식 복도 많다. 어머니 편지도 다 받고…." 하던 말이 생생하게 떠오른다. 떠나가신 어머니를 그리며 그날 밤 초소에서 본 보름달에 비친 어머니의 얼굴을 떠올려 본다. 보고 싶다. 우리 어머니!

■예문#2 잘 작성된 문장

> 깊은 밤 멀리서 들려오는 기차 소리가 왠지 구슬프게 들린다. '에미 걱정 말고 니 몸 하나 잘 챙겨라. 객지 생활에 몸이 건강해야지.…' 하시던 어머니와 편지가 생각난다. 옆에 있던 친구 이 일병의 "짜식 복도 많다. 어머니 편지도 다 받고…."라던 말과 함께 그날 밤 초소에서 바라본 보름달은 어머니의 얼굴로 가득했다. 오늘따라 하늘에 계신 어머니가 더 보고 싶다.
>
> (출처, 김영민의 기획특강)

## 4. 구체성, 논리성을 유지하라.

첫째, 문장에 구체성이 표현되려면 숫자를 사용하여 정량적으로 작성합니다. 예를 들면 다음과 같습니다

- 상품은 날개 돋친 듯이 팔렸다
  → 상품은 하루에 1,000개 이상 팔렸다.
- 가격파괴로 손님들이 평소의 곱이나 나왔다
  → 30% 할인으로 하루 매출이 100만 원이 늘었다
- 수없이 군중들이 모였다.
  → 어림잡아 5,000여 명의 군중이 모였다.

둘째, 논리적으로 작성하는 방법은 다양하다. 하지만 자서전에서는 주로 생애주기를 바탕으로 메시지별 과거-현재-미래, 6하원칙, 팩트(fact)–논거–주장 등의 방식을 적용하면 좋습니다. 과거–현재–미래의 방식에서 과거는 이전의 사실을 나열하고, 현재는 과거 사실이 현재 나에게 미친 영향 즉 현재 나의 상태를 정리합니다. 미래는 앞으로의 삶의 방향을 교훈적으로 제시하는 방식으로 작성하면 됩니다.

6하원칙의 구성은 5W 1H 중 4개 이상이 반영되면 어느 정도 논리가 형성될 수 있습니다. 여기에서 언제, 어디서, 무엇을, 어떻게

(왜) 요소는 필수적으로 반영되어야 합니다. 팩트(fact)–논거–주장의 방식은 토울민이 주장한 논리체계로서 어떤 사실(fact)이 있을 때 논거가 뒷받침되지 않은 상태에서 곧바로 주장하게 되면 설득이 쉽지 않습니다. 그러나 사실을 주장하기 전 논거가 뒷받침되면 쉽게 설득할 수 있습니다. 논거를 제시할 때는 단서가 있습니다. 다양한 유형의 공신력 있는 자료(언론 보도, 전문가 증언, 통계자료, 사례 등)를 제시해야 합니다. 논거 자료는 하나만 제시하는 것보다 많을수록 설득의 강도가 더 높아지기 때문입니다.

#### ■ 예문, 토울민의 논리체계

●팩트(fact) : 농구는 축구보다 활동량이 많다.

●논거(왜냐하면)

- 농구는 선수가 주어진 공간에서 공격과 수비를 위해 쉼 없이 움직이지만, 축구는 주로 담당한 구역에서만 움직이기에 쉼의 공간이 있다.
- 농구 경기장은 바닥이 마루여서 무릎관절 부상이 심하지만, 축구는 잔디 구장에서 하기에 부상이 덜하다.
- 축구는 50~60대에도 조기축구회 등 경기가 가능하지만, 농구는 그 나이에는 힘이 부쳐 경기하기가 힘들다. 조기 농구회가 존재하지 않는 것도 그 이유 때문이다.

●주장 : 그래서 농구가 축구보다 힘들다.

## 5. 인생의 변곡점을 찾아 전개하라

변곡점은 인생의 전환점이 되는 사건을 말합니다. 변곡점을 찾아 정리해보는 것이 자서전의 큰 줄기가 됩니다. 인생을 살면서 굴곡은 아무리 평범한 삶이라도 존재합니다. 왜냐면 삶은 직선이 아니고 곡선이기 때문입니다. 그리고 그 굴곡이 지나면서 삶의 방향이 바뀝니다. 따라서 내 인생의 변곡점을 탐색해 보는 것이 중요합니다. 변곡점을 지나기가 전과 그 이후의 삶은 바뀌기 때문입니다.

유명한 사람들의 자서전을 읽다 보면 변곡점이 있기 전까지의 삶과 그 이후 삶을 이야기하면서 그것이 나의 삶에 어떤 영향을 미쳤는지 정리하고 있습니다. 그리고 성찰을 통해 앞으로의 삶에 대해 교훈적인 방향을 제시합니다. 변곡점은 생애주기로 나눌 수도 있고, 신분의 전환, 신체의 변화, 결혼, 감동 있게 읽은 책이나 영화, 멘토의 만남, 고급 정보, 가장 즐거웠거나 힘들었거나 슬펐던 순간 등이 변곡점이 될 수 있습니다. 변곡점은 자서전에서 하나의 소제목으로 등장하는 것이 대부분이지만 때에 따라서 문단으로 작성될 수도 있습니다.

# 제3부

# 자서전의 초입부

자서전 책머리에는 자서전을 소개할 수 있는 간략한 개요 형식의 서문을 작성합니다. 서문은 자서전을 쓰게 된 동기나 목적, 전개의 방향, 기대사항 등을 간략하게 정리한 것으로 서문을 보면 자서전 내용을 대강 알 수 있습니다.

내 인생의 자작나무

# 자서전의 초입부

## 서문 작성

자서전 책머리에는 자서전을 소개할 수 있는 간략한 개요 형식의 서문을 작성합니다. 서문은 자서전을 쓰게 된 동기나 목적, 전개의 방향, 기대사항 등을 간략하게 정리한 것으로 서문을 보면 자서전 내용을 대강 알 수 있습니다.

마치 독자가 책을 구매할 때 제목, 목차, 서문을 순서대로 들여다보면 작가의 의도나 메시지, 책 전체의 내용을 한눈에 간파할 수 있듯이 자서전도 마찬가지입니다. 자서전의 기대감이 가장 높아지는 순간은 책을 펼치어 목차를 훑어본 후 서문을 읽는 순간입니다. 그래서 서문은 자서전 전체의 내용을 소개하는 데 있어서 중요한 역할을 합니다.

### ▶자서전 서문 예

셰익스피어는 자신의 인생을 어린이에서 또 다른 어린이(노망)가 되는 단계를 7막으로 정했다. 이 세상은 모두 무대고 세상 남녀는 그저 배우일 뿐, 등장도 하고 퇴장도 하면서 한 사람이 생전에 여러 역을 하며 산다고 했다. 우리는 통상 인생을 2막으로 정리하곤 한다. 제1막은 태어나서부터 60세(정년퇴직 시까지)를, 제2막은 정년퇴직 이후의 삶으로 나눈다.

필자는 이 책에서 인생을 유아기로부터 노년까지 5막으로 나누었다. 제1막(0~30세)은 태어나서부터 결혼과 취업을 하는 30년, 제2막(30~60세)은 취업 후 정년퇴직을 하는 30년, 제3막(60~70세)은 인생의 성숙기로서 퇴직 후 사회에 적응하는 10년, 제4막(70~80세)은 인생의 완성기로서 10년, 제5막은 인생의 정리기(80세 이후)로서 10년으로 구분하였다.

인생의 제1, 2막은 젊은 시기로서 일도 많이 하고 새로운 경험도 많이 하고, 도전과 장애물도 많이 극복하는 시기이다. 시간의 길이가 긴 만큼 여유도 있고 시간이 천천히 흐르는 것 같이 생각된다. 하지만 60세가 지나면 시간이 새로운 경험이나 변곡점들이 많지 않고 특별히 기억될 만한 것들이 많지 않아서 한 시절이 빨리 흘러가는 것 같은 생각이 든다. 그래서 이 시기는 삶 자체를 매우 소중하게 다뤄야 하기에 10년 단위로 끊어서 설계했다.

이 자서전은 제1~2막(0~60세) 위주로 작성되었다. 자서전의 말미에는 제3막(사회생활 적응기)을 시작하면서 10년을 위한 준비과정과 3막의 틀을 갖추는 내용으로 정리하였다.

자서전을 작성하다 보니 기억이 완전하지 못하다는 것을 느낀다. 과거의 기억을 소환할 수 있는 것은 사진, 글이 대부분을 차지한다. 그런데 어린 시절, 학창시절의 사진이나 글이 거의 보존되어 있지 않다. 아마도 사진을 찍을 형편이 되지 못했을 수도 있고 혹은 관리가 안 되었을 수도 있다. 기억 속에 남아 있는 추억과 앨범 속의 사진들을 보면서 지난 시절들을 글로 정리하고 있다.

우리는 누구나 자신의 삶을 소중하게 여기지만 바쁜 일상에 쫓기다 보면 삶의 소중함에 대해 잊고 사는 경우가 많다. 아무리 평범한 일상이라도 일기나 자서전 같은 기록을 하다 보면, 그 과정에서 삶의 소중함을 깨닫게 되어 좀 더 신중하고 성숙한 삶을 사는 데 도움이 된다. 또 삶의 기록을 통해 자신의 발자취를 되돌아보고 미래를 향해 정진하다 보면 한층 더 좋은 삶을 살 수 있다.

나는 지금 내 삶의 기록을 통해 내가 걸어온 발자취를 반추해 보면서 삶의 소중함을 인식하고 성찰을 통해 더 나은 삶을 살아가고자 한다, 자서전이 완성되면 자녀들에게 제공하여 나를 알리고, 내 삶의 발자취를 통해 삶의 방향성과 용기, 위기를 극복할 아이디어를 얻게 함으로써 행복의 진정한 의미를 깨닫게 하고 싶다. 따라서 본 자서전은 나 자신을 위해 작성하는 것이지만 동시에 가족과 후대들을 위한 배려의 마음으로 작성하였다. 나를 거울삼아 더 이상의 시행착오 없이 나보다 더 의미 있고 가치 있는 삶이 되었으면 한다.

자서전은 내 인생의 기록영화이고 단편영화다. 하지만 기록해

놓지 않으면 삶의 흔적들이 기억 속에서 사라져 버릴 것이다. 설령 내 정신이 온전해서, 아니면 기억력이 좋아서 오랫동안 지난 일을 모두 기억할 수 있을지 몰라도 기록되지 않는 것은 완전하지 못하다. 다음에 작성할 2막 이후의 자서전 작성을 위해 1년 단위로 에피소드 위주로 사진과 기록을 동시에 남기려 한다. 인생 3막의 자서전은 좀 더 생생하고 현장감 있게 작성할 수 있을 것이다.

## 목차 구성하기

목차는 글 전체의 내용을 순서대로 정리한 것입니다. 잘 쓴 글은 문장력이 좋은 글이라고 생각할 수 있지만 이보다 더 중요한 것은 전체의 흐름을 규정할 수 있는 목차입니다. 내용을 어떻게 배열하느냐에 따라 글 전체의 방향성이 완전히 달라지기 때문입니다. 목차는 하나의 뼈대입니다. 뼈대가 부실하면 몸 전체의 균형을 상실할 수 있습니다. 통상 목차는 책의 성격이나 타깃 독자에 따라 달라집니다. 자서전의 목차는 통상 생애주기를 많이 고려합니다. 시간순서 식으로 전개하다 보면 자연스러운 흐름을 가질 수 있습니다. 그리고 생애주기 내에서는 일정한 형식을 갖는 것이 중요한데 사건의 순서, 인물의 중요도, 변곡점 등을 고려해서 전개하면 좋습니다. 이 외에 가계도, '나는 누구인가? 어버이는 어떤 분인가? 연대기, 내가 살던 고향은?' 등의 자서전 설계 부분과 가족 이야기, 여행기, 자작 글과 시 등도 좋습니다. 다음 제시된 목차 '예)'는 원칙이 아니며 참고용으로 활용될 수 있음을 알려드립니다.

### 자서전 목차 구성 예

| | |
|---|---|
| 자서전을 시작하며<br>(목차 구성)<br><br>1부 : 자서전의 설계<br>나의 가계도<br>내 삶의 연대기<br>나는 누구인가?<br>나의 어버이에 대하여<br><br>2부 : 출생 및 유년기<br>내가 살던 고향은?<br>출생 이야기<br>유년기 시절<br><br>3부 : 질풍노도(10대)<br>초등학교 시절<br>중학교 시절<br>고등학교 시절<br><br>4부 : 도전과 열정(20대, 30대)<br>대학, 군 복무<br>취업 및 역량개발<br>연애와 결혼<br>출산과 육아 | 5부 : 열매와 성숙(40대, 50대)<br>직장과 일터<br>가족 소통<br>자녀의 결혼<br><br>6부 : 인생의 절정기와 황혼기<br>(60대 이상)<br>새로운 목표와 도전<br>커뮤니트 활동<br>내 삶의 버팀목<br>내 인생의 버킷리스트<br>미리 써보는 유언장<br><br>7부 : 가족에게 쓰는 편지<br>어버이에게<br>자녀에게<br>손자에게<br>아내(남편)에게<br><br>8부 : 여가 생활<br>취미생활<br>여행 이야기<br>자작 글과 시<br><br>자서전을 마치면서 |

## 나의 가계도 작성하기

가계도란 통상 3대에 걸친 가족 구조를 파악하는 도구로 쓰입니다. 또 한 집단의 구성원과 혈연관계에 있는 사람들의 유전적 특성을 알아보기 위해 그린 관계도로서 계통학, 유전학, 의학, 심리학, 교육 등에도 폭넓게 사용되고 있습니다.

우리의 과거는 가계도와 함께 시작됩니다. 가계도는 가족 구성원 간 정보와 관계를 도형이나 선을 이용하여 나타내는데, 결국은 '나 찾기'의 시작으로 볼 수 있습니다. 나의 계보를 작성할 때는 부모님과 조부모님뿐만 아니라 조상들에 대해 알고 있는 것과 들었던 것, 유전, 병력 등에 대해 기록합니다. 나를 중심으로 마인드맵을 활용하여 그려보면 가족관계나 유전적 특성을 한눈에 알아볼 수 있습니다.

관계도를 그릴 때는 도형과 선을 이용해서 그리는데 도형 안에는 관계와 이름만 적어도 되나, 추가로 도형 안에 사진을 넣을 수도 있습니다. 도형을 연결하는 선은 하나의 흐름을 나타내는 표시입니다. 구도가 복잡하지 않으면서도 한눈에 알아볼 수 있도록 표시하는 것이 좋습니다.

가계도는 족보와도 관계가 있습니다. 족보는 한 가문의 계통과 혈연관계를 부계 중심으로 정리한 도표 형식의 책으로서 가문의 단합과 조상에 대한 공경이라는 유교적인 가족관을 바탕으로 제작되었습니다. 대부분 족보에는 부계 중심으로 되어 있어서 딸의 이름이 기록되어 있지 않았습니다. 그런데 21세기에 들어서면서 성차별로 인식되어 대부분 가문에서 딸의 이름이 기록되고 있습니다. 기존의 족보는 계속 이어지는 후손들을 포함해야 하는 조치들이 강구되어야 했기에 문중 차원에서 예산 사업으로 지속 추진했습니다. 다시 말해서 개정판 형식의 문건이 주기적으로 제본된 것이죠. 필자도 어렸을 적에 부모님께서 문중에 회비를 내고 족보를 받은 적이 있습니다. 부모님이 돌아가시고 난 후 지금은 제사나 족보 문화가 많이 변형되었고 사라졌습니다.

현재 보관 중인 족보도 한때 가문의 역사자료로 존재하고 있을 뿐이지만 일부 가문에서는 디지털 환경에 걸맞게 전자 문서로 관리되고 있습니다. 요즘의 젊은 층 대부분은 족보나 본관에 대해서도 잘 모르거나 관심도도 점점 낮아지고 있습니다. 자서전에는 조상의 뿌리를 알고 3대 정도의 가계도가 유지된다면 자신의 정체성을 확인하는데 특별한 문제가 없으리라 생각합니다.

## ■가계도 작성 예

※ 0씨 가문, 00파 00대손으로 나와 처를 중심으로 한 3대의 계보입니다.

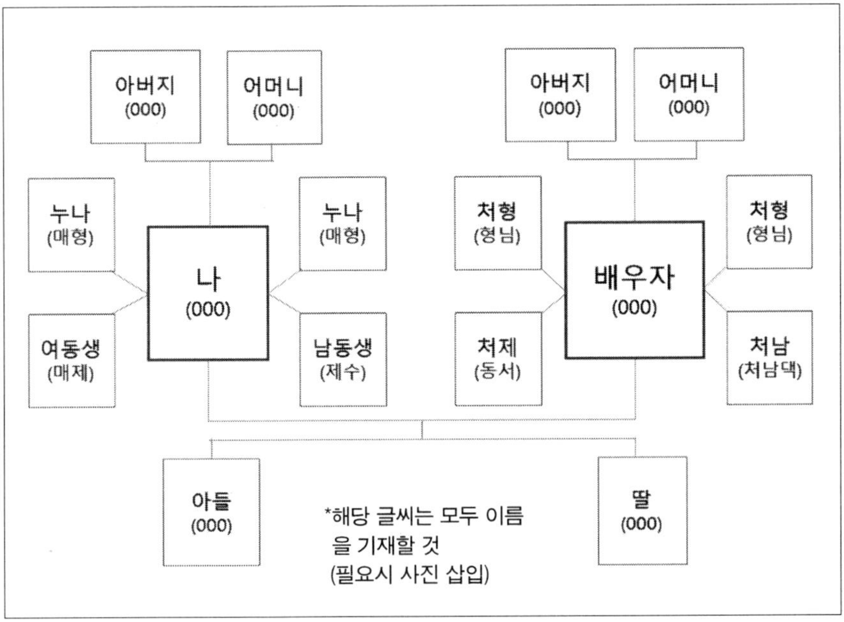


가족사진

## 나를 찾아가는 인터뷰

서양철학의 아버지로 불리는 고대 그리스의 탈레스는 "이 세상에서 가장 쉬운 일이 무엇입니까?"라는 질문에 "남 이야기를 하는 것"이라고 대답했다고 합니다. 또 "가장 어려운 일이 무엇입니까?"라는 질문에 대해서는 "자신을 아는 일"이라고 답했다고 합니다. 자기 존재에 대한 정체성은 인생의 중요한 과제입니다.

자아 정체성은 자신의 신념과 가치관에 따라 자신의 선택을 결정하고 현재와 미래 자신의 모습을 결정하기도 합니다. 자신이 누구라고 생각하는가에 따라서 자신의 삶도 변화하게 됩니다. '나'라는 사람이 살아가야 할 의미를 묻는 일이고, 내가 왜 존재하고 있는가에 대한 의문이기도 합니다. 그리고 주변 환경요인에 따라 끊임없이 변하기도 하고, 무엇을 원하느냐에 따라 그 색깔도 달라집니다.

나를 찾아가는 인터뷰는 내가 누구인지 해답을 구하는 일도 중요하지만 또 내가 어떤 사람이었는지를 가족이나 지인들에게 알리기 위함입니다. 이 책에 제시한 인터뷰 내용은 여러분들의 특성이 잘 반영될 수 있도록 20개의 질문으로 구성했습니다. 인생을 살아오면서 나의 정체성은 어떻게 변화하였는지, 진짜 나의 모습은 무엇인지 생각해보고 질문에 임하시면 됩니다.

자신이 생각하고 있는 것을 솔직하게 작성하다 보면 자신의 내면이 보이게 됩니다. '나다움'을 찾았을 때 비로소 의미 있는 것들을 하면서 살 수 있고, 행복할 가능성 또한 높아집니다.

자서전 작성 시 다음의 질문표는 여백을 활용하여 기록란을 적절히 분배하여 적어주면 됩니다. 또 표를 활용하기가 제한될 때는 표 없이 순번을 매긴 다음 문답식 형태로 적어도 됩니다.

### 질문

- 나에게 의미 있는 하루는 어떤 날인가?
- 내 인생의 롤모델은 누구인가? 그 이유는?
- 내가 30세 이전의 나이로 돌아간다면 어느 것을 하고 싶은가?
- 나는 어떻게 죽을 것 같다는 예감이 드는가?
- 나의 인생 파트너(부부)와 공통점은 무엇인가?
- 지금까지 삶에서 가장 감사하다고 느끼는 것은 무엇인가?
- 내가 자라온 방식 중 바꾸고 싶은 것은 무엇인가?
- 내가 내일 아침 일어날 때 한 가지 능력을 갖는다면 무엇을 갖고 싶은가?
- 지금까지 오랫동안 꿈꾸어 왔던 것 중 실행에 옮기지 못한 것은 무엇인가?
- 인간관계에서 가장 소중하게 생각하는 것은 무엇인가?
- 나의 삶에서 가장 큰 성취는 무엇인가?
- 나에게 가장 소중한 기억은 무엇인가?
- 나에게 가장 끔찍한 기억은 무엇인가?
- 나에게 우정이란 무엇을 의미하는가?
- 나의 유년 시절은 다른 사람들에 비해 어떠했는가?
- 지금까지 살면서 가장 감정을 주체하지 못하고 울었던 것은 무엇인가?

- 내가 지금 상대방과 가까운 친구가 된다면 상대방이 반드시 알아야 할 것은 무엇인가?
- 내가 1년 안에 죽게 된다면 지금 살아가는 방식에서 무엇을 바꾸고 싶은가?
- 가족들에게 삶의 지표로서 남기고 싶은 이야기는 무엇인가?

## 연대기 작성하기

연대기는 자신의 역사로서 통상 생애주기별로 전개합니다. 연령대별 혹은 시절별 주요 사건을 대표할 수 있는 이미지나 키워드를 작성합니다. 이 책에서는 연대기를 10년 주기로 나누어 보았습니다. 유아기, 10대, 20대… 등등. 그리고 연령대별 자신이 연상되는 이미지와 키워드를 작성할 수 있도록 하였습니다. 연령대와 이미지를 상상하면서 기억나는 키워드를 생각나는 대로 작성해 봅니다. 키워드는 많이 기록될수록 좋습니다.

연대기별 키워드는 자서전을 전개하기 전 작성해보는 것으로서 본문 전개 시 하나의 소제목으로 등장하기도 하고 문단을 형성하기도 합니다. 키워드를 구상하고 작성하다 보면 기억을 소환하는 데도 많은 도움이 됩니다.

키워드가 선정되면 키워드별 유사성을 고려하여 그룹화한 다음 시간순서 혹은 우선순위별 정리해 놓습니다. 이후 자서전을 전개

시 문맥에 맞게 내용을 확장시켜 나가면 됩니다. 물론 자서전을 전개해 나가면서 새로운 기억들이 불쑥불쑥 튀어나오기도 합니다. 그럴 경우는 제 위치에 추가하여 재편집해 나가면 됩니다.

이미지를 그릴 때는 그 시절 본인의 생활상을 상징적으로 표현할 수 있거나 평소 기억을 소환할 수 있는 인물, 장소, 애장품 등을 그려주면 좋습니다. 요즘은 '그림으로 쓰는 자서전'도 유행하고 있습니다. 글과 그림으로 자신의 생각을 표현할 수 있다면 그 또한 좋은 자서전이 될 수 있을 겁니다. 그림은 잘 그리지 않아도 무방하지만 그림을 그리는 것 자체가 부담스럽다면 그냥 키워드로만 나열해도 자서전을 쓰는 데는 많은 도움이 됩니다.

시절별 키워드는 모두 한 번에 떠오르지 않을 수 있습니다. 갑자기 튀어나오는 기억이 있으면 중간중간 여백을 활용하여 제 위치에 추가해주면 됩니다. 이런 과정은 자서전을 쓰는 내내 반복될 수 있습니다.

**■생애주기별 키워드 작성 예문**

| 구분 | 이미지 | 키워드 |
|---|---|---|
| 유아 |  | •태몽 이야기<br>•태어난 장소, 몸무게, 닮은 얼굴, 신체 특징<br>•출산 시 참여했던 사람들, 에피소드<br>•가족관계, 놀이(터), 성장 환경 등 |
| 10대 |  | •초·중·고 입학일과 졸업일 이야기<br>•가족 이야기, 흑역사, 좌우명(가훈), 성적<br>•사춘기, 우정, 꿈, 특기, 도전, 장애물, 소풍<br>•여행, 선생님, 취미생활, 즐겨 먹던 음식 등 |
| 20대 |  | •꿈, 도전, 장애물, 상처, 여행, 취업 준비<br>•군대 생활, 대학 생활, 진로, 취미, 우정<br>•취업, 직장과 일터, 연애와 결혼, 자녀 양육<br>•역량개발, 부모와의 관계(가정환경) 등 |
| 30대 |  | •직장과 일터에서 에피소드, 위치, 역할<br>•연애와 결혼, 신혼여행, 자녀 양육, 갈등<br>•처가와 시가의 관계<br>•취미, 여행, 역량개발, 승진, 건강, 멘토 |

| 구분 | 이미지 | 키워드 |
|---|---|---|
| 40대 |  | •직장과 일터에서 위치와 역할, 승진, 연봉<br>•자녀의 성장, 가족 소통, 건강, 취미, 여행<br>•대인관계, 일과 삶의 균형,<br>•내 인생의 우선순위와 의미 |
| 50대 | 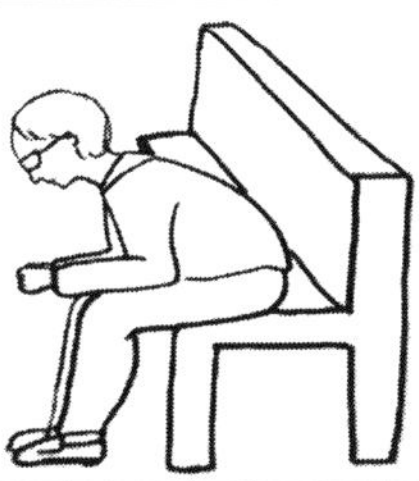 | •자녀의 결혼 이야기, 손자, 가족 여행<br>•직장과 일터에서 위치와 역할, 승진, 연봉<br>•건강관리, 취미 활동<br>•인생 2막 준비 |
| 60대 |  | •퇴직, 재취업, 인생의 2막(목표, 도전기)<br>•나와 함께하는 단체나 사람들<br>•내 삶의 버팀목, 건강관리, 취미 활동<br>•내 인생의 버킷리스트 |
| 70대 이상 |  | •삶의 애환과 성찰<br>•질병과 건강관리<br>•부부, 자녀, 손자와의 관계<br>•주변 환경의 변화, 미리 는 유언장 |

## 어버이에 대한 회상

자서전은 나의 역사입니다. 초입 부분에서는 나를 이 세상에 존재하게 만든 부모님을 생각하지 않을 수 없습니다. 부모님을 향한 기억은 성장 환경에 따라 여러 가지 모양으로 나타날 수 있지만 대부분 효행을 다하지 못한 안타까움이 많고 스스로가 부모가 된 이후에야 비로소 부모님을 이해하기도 합니다.

우리 부모님은 어떤 분이셨는가를 뒤늦게 알아가면서 정리해보는 것은 내 자서전을 선물로 받을 자녀들이 할머니 할아버지를 알아가는 데 좋은 기회가 아닐까 생각합니다. 내가 생각하는 부모님의 성격, 하셨던 일, 좋아하는 음식, 사회활동, 건강, 취미 등을 생각하면서 질문지를 참고하여 작성해봅니다.

### 질문

- 아버지는 어떤 분이셨나요?
- 어머니는 어떤 분이셨나요?
- 부모님이 특별히 좋아하시던 음식은 무엇이었나요?
- 부모님이 즐겨 하시던 일(취미)은 무엇인가요?
- 부모님은 나에게 어떤 존재였나요?
- 부모님이 나에게 바라는 것은 무엇이었나요?
- 부모님께서 지은 가훈과 의미는 무엇인가요?
- 가훈이 없다면 부모님이 평소 우리에게 강조하셨던 내용은 무엇인가요?

● 부모님의 행동이 나에게 귀감이 되었던 것은 무엇이었나요?

▶ **자서전 글 예문**

부모님은 어렸을 때 일제 치하와 해방, 6.25 전쟁을 겪으며 수난의 시절을 모냈다. 전쟁 후 폐허가 된 국가 경제 상황 속에서 많은 국민이 궁핍한 생활을 해 왔지만 다른 가정들보다 유독 가난하고 더 많은 고생을 하셨다. 아버지는 내가 24세 때 59세의 나이로 가난을 극복하기 위해 노동만 하시다 돌아가셨고, 어머니는 내가 50세 되던 해 75세의 나이로 돌아가셨다. 나는 중학교 졸업 이후 부모님과 떨어져 살았다. 고등학교부터는 집을 떠나 하숙을 했고 이후 사관학교를 거처 직업군인이 되었기 때문이다. 그래서 아버지에 대한 기억은 내가 10대였던 학창시절이 대부분이고, 성년이 된 이후에는 거의 없다. 그러나 어머니와는 반평생을 어떤 형식으로든 함께 살았기 때문에 이런저런 기억이 많다.

아버지는 인정이 많고 부지런하고 배려심이 많았다. 한편으로는 고집이 세고 융통성이 부족했다. 아버님의 기억은 아버지 나이 40세 이후부터다. 내가 듣기로는 젊었을 때 영산강의 용수관리를 했는데 이때 민물고기 회에 술을 즐겨 드셔 간에 손상이 왔다고 했다. 작은 물고기들을 손질해서 말린 후 반찬거리로 먹었던 기억도 어렴풋이 있다. 아버님의 40대는 대부분을 병환으로 누워 계셨다. 가난한 집에 재산은 점점 탕진되었고 어머니는 아버지 병수발과 농사일로 고생을 많이 하셨다. 아버지는 10여 년 가까이 환자로 있다가 50세 이후 몸이 완쾌되어 다시 농사일에 전념하게 되었다.

아버지는 5남매 자녀들을 양육하고 가정을 일으켜야 했기 때문에 여기저기 돌아다니며 흔한 말로 뼈가 부서지게 일만 하셨다. 그러면서도 힘들다고 하거나 아프다고 말하지 않았다. 그래서 아버지의 기억은 일만 하시던 기억 외엔 별다른 것이 없다. 내가 군 생활 중 모처럼 시골집에 들렀다가 귀대하는 날이면 마을 길까지 따라 나와 150여 미터 떨어진 동네 모퉁이를 돌아설 때까지 그곳에 서 계셨다. 아쉬움에 대한 속내를 감추기 위해서였을까? 애써 외면하는 척하며 그곳에 서서 계셨다. 나는 그런 아버지의 모습을 슬쩍 훔쳐보면서 혹시 아버지가 이런 생각을 하고 있지 않을까 생각했다. 이것이 아들 모습을 마지막으로 보는 것은 아닐까? 나는 1년에 2~3회 정도 시골집을 왔었던 것 같다. 그래 봐야 집에 머무는 시간은 2~3일이다. 나는 모처럼 휴가를 얻으면 대부분 부모님을 뵙기 위해 시골에 왔다. 부모님이 그립고 또한 부모님들께서도 나를 무척 보고 싶어 했기 때문이다.

어머님은 비교적 융통성이 있고 세련된 이미지를 갖고 계셨다. 리더십도 있고 동네 사람들과 관계 형성도 잘하셨다. 춤과 노래도 비교적 잘하셨다. 그래서 동네 사람들은 어머님과 좋은 관계를 유지하고 있었다. 하지만 가난한 가정에서 그런 유희를 갖는 데는 많은 한계가 있었을 것이다. 군 생활하면서 모처럼 시골집에 가면 반가워하시던 어머님 모습과 집밥이 생각난다. 내가 귀대하는 날이면 항상 하시는 말씀이 있다. "언제 또 올래?" 그러면 나는

"곧 또 올게!" 하고 돌아섰지만 군 생활에 묶여 있어서 자주 뵙지 못했다.

어머님에 대한 강렬한 기억은 두 가지다. 첫째, 음식이다. 추석의 모시 송편과 설날의 쑥떡, 무와 고구마 순을 민물고기와 함께 만든 찜이다. 이 음식은 어머니 모습 그 자체이고 향수이다. 나는 지금도 그 음식들을 매우 좋아하고 그 음식을 대할 때는 어머니가 생각난다. 둘째, 내가 고등학교 시절 광주 외가에서 하숙할 때 매달 한 번씩 쌀 한 말을 머리에 이고 오셨던 기억이다. 쌀이 귀하던 시절이었지만 내가 외가에서 먹고 자고 하는 처지라서 정기적으로 하는 행사 같은 것이었다.

내가 결혼 후 어머니는 이곳저곳 농지를 빌려 찬거리를 지으셨다가 내가 집에 가는 날이면 그것들을 싸주셨다. 일을 많이 하시다 보니 나이가 들면서 무릎 통증을 많이 호소하셨고 다리도 점점 휘어졌다. 무릎 수술을 해 드리지 못했던 불효막심이 언제나 응어리로 남아 있다.

시골집 안방에는 10원짜리 동전이 작은 주머니에 가득 담아진 상태로 있었다. 그것은 저금통이 아니고 동네 노인들과 화투 칠 때 사용하기 위한 자금이다. 일이 없는 날이면 마을 노인들이 삼삼오오 모여 화투를 치면서 시간을 보냈다. 자식들과 대부분 떨어져 있기에 적적함을 달래기 위해 보관해 둔 놀이기구인 셈이다. 어떨 때는 10원짜리 화투를 치다가 말다툼도 한다고 했다. 화투와 동전이 자식들의 봉양 공백을 메꾸어주고 있는 것 같아 죄송스러운 생각이 많이 들었다.

어머니는 원래 교회를 다니는 사람이 아니었다. 평생을 농사일과 자식들 양육에만 전념하셨던 분이다. 그런데 아들인 내가 교회에 다니는 줄 알고 난 후부터 기독교 신자가 되었다. 어머니는 자신이 기독교 신자가 된 이유에 대해 죽어서도 아들과 함께 하늘나라에서 영원히 살고 싶기 때문이라고 했다. 그리고 교회에 가는 날이면 하루도 거르지 않고 자식들을 위해 기도를 하신다고도 했다. 나 역시 객지 생활을 하면서 어머님을 향한 그리움이 가득했지만 어머님이 나에게 보내준 지극정성과 사랑에 비하면 한없이 부끄럽고 죄송한 마음이다. 어머니께서 하늘나라로 가신 지 10년이 지났다. 하지만 어머님은 항상 내 곁에 머물러 계신다.

부모님과의 외식이나 가족 여행의 기억은 없다. 가정 형편이 어렵기도 했지만 외식이나 여행문화가 익숙하지 않았다. 또 오랜 기간을 군(軍)에서 생활하다 보니 항상 '집밥'이 그리웠고 모처럼 시골집에 가면 어머님은 내가 좋아하는 음식을 준비해 주셨다. 정작 나는 어머님이 어떤 음식을 좋아하시는지 알지 못했다. 왜냐면 어떤 음식을 즐겨 드시는지 보지도 못했고, 어떤 음식을 좋아하느냐고 물어보지도 않았기 때문이다. 일방적으로 사랑만 받은 것 같아 자신이 부끄럽고 한심스럽다. 어머님이 생각나게 하는 시가 있다. 그 시는 김소월의 〈개여울〉이다.

당신은 무슨 일로 그리합니까
홀로 이 개여울에 주저앉아서
파릇한 풀포기가 돋아 나오고

잔물이 봄바람에 헤적일 때에

가도 아주 가지는 않노라시던
그런 약속이 있었겠지요

날마다 개여울에 나와 앉아서
하염없이 무엇을 생각합니다
가도 아주 가지는 않노라심은
굳이 잊지 말라는 부탁인지요

개여울이란 개울에 물이 얕거나 폭이 좁아서 물살이 빠르게 흐르는 곳이다. 우리 인생도 가만히 들여다보면 마치 개여울과 같다. 삶의 폭이 넓거나 깊지 못했고 개여울의 물살처럼 빠르게 흘러가 버린 아쉬움이 남기도 한다.

이 시는 내가 학창시절이던 때 가수 정미조가 노래로 불러 히트 친 곡이다. 이 노래를 들으면 사뭇 어머님이 그리워진다.

어린 시절 어느 봄날 개여울에서 어머님은 나에게 약속했다. '가도 아주 가지는 않노라'고 말이다. 만약 가더라도 곧 돌아오겠다고 말이다. 그런데 약속했던 어머님은 아직도 돌아오지 않고 있다. 그래서 봄이 오면 개여울에 앉아서 하염없이 어머님을 그리워한다. 가도 아주 가지 않겠다는 약속은 다시 돌아오겠다는 약속이 아니고 '굳이 잊지 말라는 부탁'인가 본다. 또 '가도 아주 가지는 않는다' 말은 나는 가지만 너의 마음속에 영원히 살아 있을 것이라는 말인가 보다. 지금 어머님은 내 마음속에 언제나 돌아와 계신다.

## 내가 살던 고향

내가 태어나고 자랐던 곳을 연상하면서 과거로의 여행을 떠나 봅니다. 당시 우리 집의 모습과 환경, 고향 주변의 전답, 건물, 자연 환경, 놀이터, 도로망, 특산물, 상권, 학교 등을 연상하면서 모습들 하나하나를 스케치해봅니다

고향은 나의 최초 기억이 있는 곳입니다. 최초 기억이 삶의 시작이라고 볼 때 고향이 주는 기억은 특별히 남다르다고 할 수 있습니다. 지금은 멀리 떠나 살고 있지만 항상 그리움으로 가득한 곳입니다. 하지만 태어난 곳만이 고향은 아닙니다. 나의 최초 기억이 그곳이고 거기에서 어린 시절을 보냈다면 그것 또한 고향이라 말할 수 있습니다. 고향은 바쁘게 돌아가는 생업전선에서도 문득 모두 버리고 돌아가고 싶은 어머니 품 같은 곳이기도 합니다. 어린 시절 뛰어놀던 놀이터, 멱을 감던 마을 앞 개울, 다니던 학교와 교회, 고향 친구들, 부모님의 일터 등 모두가 소중한 추억입니다.

'나의 살던 고향은 꽃 피는 산골'이라는 동요에서도 알 수 있듯이 고향은 나에게 아련한 추억을 선사해주는 곳입니다. 어쩜 '고향'이라는 표현보다는 '우리 동네'가 더 맞는 표현일지 모르겠습니다.

## 질문

- 사계절 고향의 모습은 어떠했나요?
- 고향의 특산물이나 자랑거리는 무엇인가요?
- 마음속 깊이 간직하고 있는 사연은 무엇인가요?
- 고향에 가면 만나고 싶은 지인들은 누구인가요?
- 지인들과 나누고 싶은 이야기는 무엇인가요?
- 고향 하면 떠오르는 노래나 시는 무엇인가요?

### ▶자서전 글 예문

내가 태어난 곳은 전남 나주의 작은 시골의 초가집이었다. 마을에 초가집이 꽤 있었지만 새마을 운동이 시작되면서 가옥을 개축해서 슬레이트집들도 늘어나고 있었다.

마을에는 30여 가구가 옹기종기 살고 있었다. 주 수입원은 논농사와 과일 재배이다. 마을 바로 앞에는 쌀보리를 재배하는 들판이 있고 냇가에 시냇물이 흐른다. 냇가 건너편에는 과수원들이 길게 늘어져 있다. 봄이 되면 복사꽃이 피기 전 병충해 예방을 위해 복숭아나무에 노란색 분말의 유황을 살포한다. 마을엔 유황 냄새가 진동했다. 지금도 유황 냄새를 맡으면 고향 생각이 난다.

마을에는 논 가운데에 공동우물(샘)이 하나 있었다. 마을 사람들은 거기서 물을 떠다 먹고 빨래도 하고 여름밤에는 샤워도 했다. 그 샘은 물맛이 좋고 가뭄에도 물이 마르지 않았다. 샘 주위에는 향나무가 울타리처럼 형성되어 있어 외부에서는 내부가 잘 보이지 않는다. 매년 백중날에는 주민들이 모여 샘물을 모두 퍼내고 내부를 청소하고 소독을 했다. 청소를 위해 샘물을 뺄 때는 큰 두레박에 밧줄을 매달아 샘에 두레박을 담근 후 주민들이 줄을 끌어당겨 물을 밖으로 퍼냈다. 그날은 동네 축제일 같았다.

집 뒤에는 단감나무 한 그루가 있었다. 가을에 단감은 우리들의 주요 간식이었다. 아침에 일어나 보면 맛있는 단감이 서너 개씩 땅에 떨어져 있었다. 나는 떨어진 단감을 먼저 차지하기 위해 누나들이 잠에서 깨기 전 어두운 새벽에 일어나 감나무 아래로 가서 손으로 땅을 더듬어 떨어진 단감을 찾아냈다. 그리고 나만의 비밀장소에 감추어 두고 다시 방으로 와서 자곤 했다. 욕심이 많았었나 보다.

집 뒤에는 조그만 텃밭과 대나무밭이 있었다. 대나무는 번식력이 강해서 텃밭을 점점 잠식했고, 그때마다 아버지는 대나무 뿌리를 제거하면서 텃밭을 지켰다. 텃밭은 한 해의 반찬거리를 제공하는 유일한 식량원이었다.

대나무밭 뒤에는 '꽁판'이라는 조그만 소나무 숲이 있었다. 그곳은 우리들의 놀이터였다. 숨바꼭질, 자치기, 장정 놀이, 딱지 따먹기, 말뚝 박기 등을 하며 놀았다. 가끔 그곳에서 땔감을 갈퀴로 긁어서 가져오기도 했다. 산지기가 있었는데 그곳에서 나무를 하지 못하도록 감시를 했고 산지기에게 들키면 잽싸게 도망쳐 오기도 했다.

집 바로 옆에는 '벌성'이라는 조그만 공터가 있었다. '벌성'에는 큰 소나무 한 그루가 서 있었고 묘지 하나가 있었다. 그곳에서는 술래잡기, 나이 먹기, 묘지를 돌고 오는 달리기 경주 등의 놀이를 했다. 그 당시 '벌성'은 매우 큰 공터였는데 지금 그곳에 가보면 집 마당 크기에 불과하다. 놀이할 때는 추운 줄도 더운 줄도 모르고 오직 놀이에만 집중했다. 흙바닥에서 놀다 보니 옷도 손도 항상 더러웠다. 손에는 검은 때가 끼고 옷은 팔꿈치와 무릎 부분이 튀어 나왔다. 검정 고무신은 구멍이 나 있어 비가 올 때는 물이 들어오고 양말의 뒤꿈치 부분은 구멍이 나 있어 흰 살이 보였다.

마을 앞 들판에 우리 전답은 없었다. 마을에서 멀리 떨어진 곳에 1,000평의 논이 있었다. 그 논은 수레가 들어갈 수 없는 좁은 길이어서 추수 때는 수확물을 옮기는 데 지게를 이용하거나 머리에 이거나 어깨에 짊어 옮겼다. 지금 생각하면 골병이 들 만한 노동이었다.

마을에서 동남 방향으로 500여 미터 떨어진 곳에 방죽이 있었다. 방죽 물은 집 앞 들판의 농수로 사용했다. 방죽 물을 개방하면 비교적 큰 개천을 따라 영산강으로 기류가 형성되어 있다. 비가 많이 올 때는 보가 넘치지 않도록 방죽의 수문을 개방해야 하는데 그 일은 우리 아버지 담당이었다. 방죽 모퉁이는 물이 차면 자연적으로 넘칠 수 있도록 인수시설이 있었고 물이 아래로 흘러 떨어질 때는 물고기들이 뛰었다. 물고기들은 영산강에서 물길을 따라 올라오기도 했고 방죽에 있는 물고기들이 빠져나오기도 해서 개천에는 고기들이 제법 있었다. 그 물고기는 마을 사람들의 식량원이 되기도 했다.

논이나 수로에는 우렁이나 미꾸라지들이 있었다. 구멍이 형성된 곳을 삽이나 손으로 파서 잡았다. 어머님은 맛있는 추어탕과 우렁이 된장국을 끓여주시곤 했다. 지금은 농지 정리가 되어 있고 환경 변화로 인해 그런 모습을 찾아볼 수 없다.

마을의 가구 수는 얼마 안 되는데 내가 태어날 때 동갑내기들이 무려 11명이 태어났다. 남자 10명, 여자 한 명이었다. 우리가 중학교에 들어가면서 부모들이 쌀 한 되씩을 거두어 갑계를 만들어 주었다. 50년이 지난 지금도 부모님들이 만들어주신 갑계가 유지되고 있다. 1년에 두 번씩 전국 각지에 있는 친구들이 고향에 모여 소싯적 추억을 나누며 회포를 풀고 있다. 지금 생각해보면 부모님들이 지혜로운 분들이라는 생각과 함께 감사하다는 마음도 간직하고 있다.

내가 고등학교 2학년이 되던 때 부모님은 초가집이었던 옛집을 모두 허물고 그 자리에 멋진 기와집을 지었다. 집에 이르는 진입로가 협소해서 좋은 위치는 아니었다. 어머니께서는 교통이 좋은 곳으로 옮겨 집을 짓자고 했으나 아버지께서 고집을 피워 지금의 위치에 집을 지었다. 지금 생각해보니 아버지께서는 조상이 물려준 그 땅을 벗어나고 싶지 않았을 거라는 생각이 든다. 멋진 집을 지었지만 나는 그곳에 오래 살지 못했다. 고등학교 졸업 후 직업군인이 되어 멀리 떨어져 살았기 때문이다.

요즘은 명절에 부모님 산소를 가기 위해 고향에 간다. 산소는 시골집에서 20여km 정도 떨어져 있어 성묘 후에는 옛 추억이 그리워 시골 마을을 한 바퀴 돌아보고 온다. 고향에 가면 아직도 어머니와 가까이 지내던 분들이 생존해 계신다. 오랜 세월이 흘렀기 때문에 처음엔 잘 몰라보시지만 추동댁 아들이라고 인사를 드리면 깜짝 놀라면서 반갑게 맞아주신다. 그리고 옛날 어머니와 살갑게 지냈던 이야기보따리를 풀어놓으신다. 동네 어른들의 이야기를 듣고 있노라면 오래전 돌아가신 어머니가 옆에 계신 것 같고 그 시절 정겨웠던 추억들이 스쳐 지나간다.

고향을 생각하면 떠 오르는 시가 있다. 바로 정지용이 지은 시 〈향수〉다. 내가 태어나고 자랐던 고향과 시에서 표현된 시어들이 고향 곳곳에 스며들어 있어 생소하지 않다 이 시는 가난하지만 평화로웠던 고향의 모습을 회상하며 고향에 대한 간절한 그리움을 표현한 시다. 특히 노래로도 불려진 이 시는 들을 때마다 고향 생각이 절로 난다. 요즘 아이들에게 들려주면 잘 이해가 안 가겠지만 이 노래를 들려주면서 옛이야기를 나누어 보는 것도 좋을 것 같다.

넓은 벌 동쪽 끝으로
옛이야기 지줄 대는
실개천이 휘돌아 나가고
얼룩빼기 황소가 해설피 금빛
게으른 울음을 우는 곳
그곳이 차마 꿈엔들 잊힐 리야

질화로에 재가 식어지면

빈 밭에 밤바람 소리 말을 달리고
엷은 졸음에 겨운 늙으신 아버지가
짚 베개를 돋아 고이 쉬는 곳
그곳이 차마 꿈엔들 잊힐 리야

흙에서 자란 내 마음
파란 하늘 빛이 그리워
함부로 쏜 화살 찾으러
풀섶 이슬에 함추름 휘적시던 곳
그곳이 차마 꿈엔들 잊힐 리야
전설 바다에 춤추는 밤물결 같은
검은 귀밑머리 날리는 어린 누이와
아무렇지도 않고 예쁠 것도 없는
사철 발 벗은 아내가
따가운 햇살을 등에 지고 이삭 줍던 곳
그곳이 차마 꿈엔들 잊힐 리야

하늘에는 성근 별
알 수도 없는 모래성으로 발을 옮기고
서리 까마귀 우지짖고
지나가는 초라한 지붕
흐릿한 불빛에
둘러앉아 도란도란 거리는 곳

그곳이 차마 꿈엔들
꿈엔들 꿈엔들 꿈엔들
잊힐리야

*지줄대는 : 낮은 목소리로 자꾸 지껄이는.

*해설피 : 해가 설핏 기울 무렵.

*함추름 : '함초롬'의 방언. 젖거나 서려 있는 모습이 가지런하고 차분한 모양.

*서리 까마귀 : 서리 맞은 까마귀. 곧 힘없고 초라한 까마귀라는 뜻임.

[1연] 평화롭고 한가한 고향 마을의 정경

[2연] 겨울밤의 정경과 늙은 아버지에 대한 회상

[3연] 꿈 많던 어린 시절에 대한 회상

[4연] 어린 누이와 아내에 대한 회상

[5연] 단란한 고향 마을의 정겨운 모습

(출처 : 다음 백과)

이 시에는 내가 살던 고향의 모습을 드러내는 유사 장면들이 나타나 있다. 특히 풍경이나 인물의 모습, 행동들이 고향을 구체적으로 묘사하고 있다. 고향을 표상하고 있는 소재를 보면, '실개천', '얼룩백이 황소', '질화로와 아버지', '파란 하늘', '어린 누이', '서리 까마귀, 초라한 지붕' 등이다. 이 시의 소재들을 음미하다 보면 고향의 평화롭고 아늑한 모습이 그리워진다.

제4부

# 자서전의 중심부

자서전 중심부는 출생부터 현재 나이까지 생애주기 전 기간을 망라한 내용으로 자서전의 핵심을 이루는 부분입니다. 이 장에서는 생애주기를 중심으로 시간순서 식으로 전개됩니다. 또한 생애주기별 개요-질문-예문의 형식으로 내용이 전개되어 있습니다. 질문과 예문을 활용하여 자신의 삶과 연관지어 작성해 보면 참고가 될 것입니다.

내 인생의
자작나무

# 자서전의 중심부

자서전 중심부는 출생부터 현재 나이까지 생애주기 전 기간을 망라한 내용으로 자서전의 핵심을 이루는 부분입니다. 이 장에서는 생애주기를 중심으로 시간순서 식으로 전개됩니다. 예를 들면 출생과 유아기, 학창시절, 직장 생활, 결혼과 육아, 전직 및 퇴직, 인생 2~5막 등의 큰 흐름을 갖습니다. 출생 이야기의 대부분은 성장하면서 부모에게 들었던 것을 기억한 내용입니다. 그러나 유아기를 거치면서 어느 순간 최초로 자신의 삶을 기억하는 시점이 있다면 거기서부터가 자신의 삶이 시작된다고 볼 수 있습니다.

생애주기 내에서는 변곡점들을 중심으로 다시 세 항으로 구분되는데 변곡점의 논리 구조는 과거→현재→미래 시제를 적용하여 작성하면 좋습니다.

과거 부분은 지나온 행적에 대한 사실을, 현재 부분은 과거 사실이 현재 나에게 미치는 영향(성과, 칭찬, 성찰, 교훈 등)을, 미래 부분은 앞으로의 삶의 방향이나 노하우 전수 등을 제시하면 됩니다.

자서전이 백화점식으로 과거 사실을 나열만 하는 방식이나 책임을 전가하는 방식으로 전개되면 곤란합니다. 왜냐면 자서전은 자신의 역사이면서 자녀와의 소통, 후세들이 올바른 삶을 살 수 있도록 방향을 제시하는 것이기 때문입니다.

본 장에서는 생애주기별 개요-질문-예문의 형식으로 내용이 전개되어 있습니다. 질문과 예문을 활용하여 자신의 삶과 연관지어 작성해 보면 참고가 될 것입니다. 예문은 가정 및 성장 환경과 성별, 직장이나 일터에 따라 지나온 삶의 과정이 다르기 때문에 여러 형태로 작성될 수 있지만 이 책에서는 남녀의 특성을 반영한 사례들을 제시해 보았습니다.

## 출생과 유아기

유아기의 기억은 사람들에게 별로 남아 있지 않습니다. 사진이나 기록이 많이 남아있다면 좋은 글감이 될 수 있지만 그렇지 않았던 환경이라면 기억을 소환하는 일이 만만치 않습니다. 부모, 형, 누나, 친지 등을 통해서 구전에 의존하는 것이 대부분일 겁니다. 하지만 계속 반복적으로 기억을 되살리다 보면 갑자기 떠오르기도 합니다.

부모님께서 들려주셨던 태몽, 태어난 장소, 몸무게, 신체의 특징,

출산 시 참여했던 사람들, 출산 과정에서 에피소드, 엄마가 먹고 싶었던 음식, 유년기 시절 에피소드 등의 기억을 소환해봅니다.

### 질문

- 부모님의 태몽은? 언제 어디서 어떤 모습으로 태어났나요? 태어날 당시 가족 구성은 어떠했나요?
- 어릴 때는 누구와 어디서 어떤 관계를 맺으며 살았나요?
- 어린 시절 성장환경과 부모님 모습은 어떠했나요?
- 가장 기억에 남는 어릴 적 기억은 무엇인가요?
- 할아버지와 할머니는 어떤 분이셨나요?
- 주로 누구와 어디서 무슨 놀이를 했나요?
- 가장 좋아했던 동물과 그 이유는 무엇인가요?

### ▶자서전 예시글

부모님이 언젠가 나에 대한 태몽을 들려주셨었는데 아쉽게도 기억에 남아있지 않다. 무심코 듣지는 않았을 텐데 세월이 지나면서 기억 속에서 지워진 모양이다. 자서전을 쓰려 하니 새삼스럽게 오래전 부모님께서 말씀해 주신 태몽이 무엇이었을까 궁금해진다. 기록의 중요성을 다시 한 번 느낀다.

어머니께서는 시골집에서 농사일을 거들다 갑자기 산기가 있어 집으로 돌아와 할머니의 도움으로 나를 낳았다. 당시 나는 몸집이 비교적 크고 건강한 모습이었다고 했다. 당시 아버지는 두 명의 고모를 둔 2대 독자였다. 그래서 아들을 낳아야 한다는 생각이 컸다. 하지만 딸 셋을 낳은 다음에야 아들인 나를 낳았다. 아들 하나는 부족하다고 느낀 부모님은 아들 하나를 더 낳으려고 했는데 또 딸을 낳았고 마지막에 아들을 낳아 결국 5남매가 되었다. 우리 집 5남매는 농업을 하는 가정에서 가난하게 살았지만 성장하면서 싸운 기억이 전혀 없다. 그야말로 오손도손 잘 지냈던 기억밖에 없다.

우리 집의 바로 옆집은 아버지의 누이인 고모가 살고 있었다. 고모 집에는 사촌 형들이 많았고 동갑내기 남자애도 한 명 있었다. 사촌들과는 사이가 매우 좋았고 좋은 추억들이 가득하다. 우리는 한 식구처럼 서로 의지하며 잘 살았다. 특히 우리 집에는 누나들만 있었기에 사촌 형들은 큰 버팀목이 되었다. 옆집 고모와 사촌 형들도 집에 딸이 없었기에 우리와는 형제자매처럼 잘 지냈다.

어릴 적 기억은 다른 집에 비교해 우리 집이 가난했었다. 하지만 배가 고팠다거나 고통스러웠던 기억은 없다. 심한 가뭄이 계속되면서 보릿고개를 맞이했고 주식은 밀가루 음식, 보리밥을 주로 먹었다. 당시 우리나라는 미국에서 지원되는 밀가루가 주요 식량원이었다. 밀가루는 그냥 나누어주는 것이 아니었다. 저수지 용수량을 늘리기 위해 가뭄으로 쩍쩍 갈라진 저수지 바닥을 삽이나 괭이를 이용하여 지정된 양만큼 파면 그 대가로 밀가루 1포대를 주었다. 지게에 밀가루 한 포대를 지고 집으로 돌아오는 아버지 모습을 자주 보곤 했다. 우리는 밀가루로 국수를 만들어 자주 먹었고 국수가 먹기 싫어서 짜증을 낸 기억도 어렴풋이 있다.

아버지는 고지식한 면이 있었지만 정직하고 인정이 많고 열심히 일하는 분이셨다. 어머니는 동네 과일밭에서 품앗이 활동을 많이 했다. 당시에는 전기가 없던 시절이라 밤이 되면 주로 등잔불을 켰다. 가끔 더 밝은 촛불을 켜기도 했지만 어두컴컴하여 책을 볼 수는 없었다. 이후에 전기가 들어왔는데 방에는 달걀 크기의 조그만 5촉광의 등을 켰다. 좀 더 큰 전구를 사용해도 되지만 전기세가 부담되었기 때문이다. 그러나 등잔불보다는 훨씬 밝았다. 세월이 흐르면서 전등의 크기도 점점 커지면서 방의 밝기도 나아졌다.

그 시절엔 저녁 식사 후 얼마 안 되어 금방 잠자리에 들어갔다. 텔레비전도 없고 밤중에 특별히 할 것이 없었기 때문이다. 일찍 주무셨던 부모님들은 새벽에 일어나서 하루의 일과를 시작하곤 했다.

유년기 기억은 많지 않다. 기념될 만한 사진도 없다. 하지만 귀한 아들이어서 많은 사랑을 받고 자랐던 것은 분명하다. 가장 기억에 남는 일이 하나 있다. 한밤중에 배가 몹시 아파서 참을 수가 없었다. 나는 엉엉 울면서 고통을 호소했다. 부모님들은 깜짝 놀라 일어나셨고 아버지는 나를 등에 업고 면 소재지에 있는 약방으로 달렸다. 어머니는 아버지 옆에서 내 등에 손을 얹고 밀면서 함께 달렸다. 부모님은 땀이 범벅이 된 상태로 약국에 도착했으나 한밤중이라 약국은 문이 닫혀 있었다. 아버지께서는 사람 살리라고 외치면서 문을 힘차게 두드려 약사를 깨웠다. 약사가 눈을 비비며 나오면서 무슨 일인가 물었다. 약사는 나의 모습을 보더니 배탈이라고 했다. 약국에서 지어 준 약을 먹었는데 금방 괜찮아졌다. 지금 생각하니 식중독이었던 것 같다. 당시에는 마을에서 잔치를 하면 어머님이 일을 도와주고 잔치 음식인 잡채, 전, 떡, 돼지고기 등을 조금씩 얻어 오곤 했는데 그걸 먹고 배탈이 나지 않았나 생각해 본다.

할아버지 모습은 기억에 없다. 사진만 얼핏 본 기억이 있다. 하얀 두루마기를 입고 앉아서 찍은 색이 바랜 사진이었다. 작은 키, 웃지 않는 모습, 얼굴에 패인 주름살 등이 어렴풋이 생각날 뿐이다.

할머니의 모습은 어렴풋이 생각이 난다. 할머니께서 말씀하시길 "내가 밭일을 하는데 누가 머리를 심하게 때린 것 같다" 말을 들은 적이 있다. 당시에는 병명을 몰랐지만 아마 급성 뇌 질환이 있었던 것 같다. 얼마 후 할머니도 돌아가셨기 때문에 조부모에 대한 기억은 없다. 단지 식사할 때 조부모님만 약간의 쌀이 보이는 밥이 그릇에 담아졌고 부모님을 비롯한 모두는 보리밥만 먹었던 기억이 있다. 어머님께서는 밥을 지을 때 보리쌀 위에 반 공기 정도의 쌀을 올려 지었고 밥이 되면 쌀밥과 보리밥 일부분만 도려 섞은 다음 할아버지 할머니 밥만 그릇에 담았다. 지금 세상은 부모님들이 자식들의 식단을 특별히 챙기는 추세지만 당시에는 어른의 식단을 우선으로 챙겼던 것 같다.

유년기 시절 즐겼던 놀이는 주로 동네 남녀 또래들과 숨바꼭질, 술래잡기, 강강수월레 등을 하며 놀았던 기억이 있다. 추운 겨울에도 뜨거운 여름에도 지칠 줄 모르고 놀았고, 어머님이 밥 먹으라 부를 때까지 혹은 날이 어두워질 때까지 놀았다. 신발은 닳아서 뒤꿈치가 구멍이 나거나 찢어지기가 일쑤였고, 옷은 팔꿈치와 무릎 부위가 튀어나오거나 새 천으로 기워진 옷을 입고 뛰놀았다. 놀이할 때는 설령 새 옷이 있다 해도 입지 못했을 것이다. 새 옷은 특별한 날에 입어야 했기 때문이다. 손, 발, 무릎, 팔꿈치 부분에는 항상 까만 떼가 끼였다. 어머니께서는 주기적으로 솥에 물을 끓여 우리를 씻기어 주었다. 위생이 비교적 좋지 않은 환경이었지만 병치레하지 않고 건강하게 잘 성장했다.

어렸을 때 좋아했던 동물은 특별히 없다. 가축은 키워서 팔거나 식용으로 주로 쓰였기 때문이다. 애완동물이라는 개념이 설정되어 있지 않은 시절이었다. 단지 외양간에 소를 키웠던 기억이 조금 남아있다. 소는 집의 살림 밑천이었다. 논밭의 땅을 쟁기로 갈아엎을 때 활용되었고 혹은 잘 키워 팔아서 살림을 확장하는 역할을 했다. 겨울이 되면 소에게 먹일 풀이 없었기에 작두로 썰은 짚에 시레기, 보리쌀 겨 등을 함께 가마솥에 넣어 익혀 먹였다. 일명 소죽이라고 불렀는데 소죽이 익을 땐 그 냄새가 매우 구수했다. 그런데 소가 있었던 기억도 잠시 있었을 뿐이다. 왜냐면 가난해지면서 논밭이 줄어들었고 소를 사서 키울 형편이 못 되었던 같다. 소는 온순하고 귀한 동물이어서 늘 친근감이 있었고 한편으로는 가족같은 생각도 들었다.

이 예시글은 질문 내용의 순서에 따라 과거의 기억을 되살려 성장 환경이 잘 기술되어 있습니다. 그러나 책에 제시된 질문들은 모든 사람에게 해당되지는 않습니다. 본인에게 해당되는 질문들만 참고하여 기억을 소환하고 그것을 글로 옮기면 됩니다.

## 10대 : 질풍노도의 시기

10대는 초·중·고 학창시절이다. 초등·중학교 시절 내 꿈은 소박했습니다. 좋은 집에서 사랑하는 가족들과 맛있는 음식을 먹으며 사는 것이었습니다. 이를 위해 우리 집도 다른 집처럼 과수원이 있었으면 좋겠다는 생각을 했습니다. 아마 가난하고 배고픈 시절이라 그랬을 것입니다. 또 순경이 되고 싶기도 했습니다. 우리 동네에 교통순경이 한 분 계셨는데 오토바이를 타고 다니는 모습이 멋있었고 돈도 많이 번다는 소문을 들었기 때문입니다. 그래서 어른들이 너는 커서 무엇이 되고 싶냐고 물으면 경찰이 되겠다고 말하기도 했습니다.

10대를 '질풍노도의 시기'라고 합니다. 이 시기가 되면 내면의 폭풍 같은 변화를 스스로도 버겁게 생각하기 때문에 외부의 자극에 대해 굉장히 민감하게 반응합니다. 이 때문에 별것 아닌 일에도 짜증이 나고, 화가 나며, 툭하면 눈물이 흐르기도 하고, 속없이 웃음이 나기도 했던 일들이 새록새록 기억이 납니다. 초·중·고 학창시절을 중심으로 입학 및 졸업, 학습활동, 성적, 스트레스, 꿈과 목표, 기억에 남는 선생님, 소풍, 수학여행, 체육대회, 콤플렉스, 에피소드 등이 내 삶에 어떤 영향을 미쳤는지 느낌과 함께 적으면 됩니다. 그리고 학창시절 정신적·물질적·경제적으로 도움을 준 부모, 형제, 자매, 친척, 지인들을 생각하면서 사례 위주로 작성하면 됩니다.

나이가 들어 옛 친구들이 모여 회포를 푸는 날이면 남자들은 주로 군대 시절 이야기를 많이 하지만 여성들은 여고 시절 이야기를 많이 한다고 합니다. 이 시기가 가장 변화가 많은 시기이기에 기억에 남는 사건들도 많을 겁니다.

사춘기에 겪었던 희로애락, 이성 문제, 고민, 갈등, 사건, 도움을 주신 준, 선한 영향력을 준 사람들, 어려움을 극복했던 일들도 생각해보세요. 학창시절 기억에 남는 친구들 그리고 그들과 함께했던 추억, 이성에 대한 감정, 짝사랑, 교제했던 이성 친구와의 이야기, 학창시절 즐겨 했던 놀이, 영화, 독서, 음악, 운동, 음식 등도 생각해보세요. 모두가 좋은 글감이 될 것입니다.

### 질문

- 초·중·고 시절 입학식에 대한 풍경은 어떠했나요?
- 내가 살았던 주변 환경은 어떤 모습이었나요?
- 친구들과 주로 했던 놀이는 무엇이었나요?

- 학교 운동회와 소풍 등의 에피소드는 무엇이었나요?
- 학교 환경, 기억에 남는 선생님은 누구인가요?
- 학습활동(학교성적, 역량개발, 경연 등)은 어떠했나요?
- 잘못된 행동으로 부모님이나 선생님에게 혼났던 일은 무엇이었나요?
- 선행을 통해 타의 귀감이 된 사례와 교훈은 무엇인가요?
- 가장 기억에 남는 음식은 무엇이었나요?
- 학창시절 특별히 슬펐거나 화가 났던 일은 무엇인가요?
- 학창시절 가장 힘들었던 일과 극복과정은 어떠했나요?
- 반항적인 행동을 한 동기와 성찰했던 부분은 무엇이었나요?
- 학창시절 가족들의 모습은 나에게 어떤 영향을 주었나요?
- 나의 말을 가장 잘 들어주었던 사람은 누구이며 어떤 에너지를 받았나요?
- 부모님 외에 특별히 경제적으로 도움을 받았던 분은 있었나요? 그렇다면 그분과는 지금 어떤 교류를 하고 있나요?
- 가족에 대한 사랑, 소중함, 감사함, 친밀감 등을 느꼈을 때는 언제인가요?
- 이성에 대한 관심, 교제, 짝사랑 등의 추억은 무엇인가요?
- 최초의 음주, 흡연에 대한 경험담은 무엇인가요?
- 당시 유행했고 좋아했던 노래와 춤, 놀이, 영화 등은 무엇이었나요?
- 미운 오리 새끼 취급을 받은 적 있나요? 어떻게 대처했나요?
- 부모님과의 관계는 어떠했나요?
- 신체적 변화로 고민, 갈등, 호기심 등은 무엇이었나요?
- 어울렸던 친구들과의 추억, 갈등은? 지금 그들과의 관계는 어떤가요?
- 봉사활동, 여행, 등산 등 의미 있었던 일, 재미있었던 일, 교훈은 무엇이었나요?
- 친구들은 나를 어떤 사람으로 생각하는가? 친구들에게 나는 어떤 존재였

나요?

- 친구들과 주로 다녔던 추억의 장소나 함께 한 놀이는 무엇이었나요?
- 감명 깊게 읽은 책이나 영화는 무엇이며 그것들이 내 삶의 가치에 어떤 영향을 주었나요?
- 좋아했던 스포츠 경기, 특별히 응원했던 선수는 누구인가요?
- 학창 시절 꿈은 무엇이었나요? 꿈을 이루기 위해 어떤 노력을 했나요?
- 자신의 역량 중 특별하다고 생각했던 부분은 무엇인가요? 그것이 지금의 삶과 어떤 관계를 형성하고 있는가요?
- 학창시절 강하게 받았던 유혹과 장애물은 무엇이었나요? 그것들은 내 삶에 어떤 영향을 주었나요?

### ▶자서전 예시글

**〈초등학교 시절 #1〉**

당시에는 유치원이라는 곳이 없었기에 배움의 장소는 초등학교 시절이 첫 배움터였다. 나이 여덟 살이 되면서 동네에서 함께 자란 친구 9명이 동시에 초등학교에 입학했다. 입학일에는 부모님이랑 함께 학교로 갔다. 가슴에는 손수건 같은 것이 매달려 있었다. 지금 생각하니 그것은 흐르는 콧물을 닦기 위해서였다. 요즘 아이들은 콧물을 흘리고 있는 모습을 볼 수 없다. 당시에는 아이들이 코를 많이 흘리고 다녔었다.

학교에 도착하니 선생님이 입학명단을 확인 후 학급의 반을 표시하는 파란색 리본을 가슴에 달아 주었다. 선생님은 학급 반을 알려주시면서 선생님의 선창에 맞춰 1반 2반 3반… 복창을 하게 했다. 입학식이 끝나고 우리 반은 교실로 이동했다. 이동할 때 선생님이 하나 둘 선창을 하면, 우리는 셋 넷 복창을 하며 발을 맞추어 걸었다.

교실에 도착하니 한 학기 동안 배울 책을 나누어주었다. 나는 책가방이 없었기에 책보자기에 나누어 준 책을 쌌다. 책 보자기는 허리에 감고 다니거나 어깨에 메고 다녔다. 특히 비가 오는 날에는 책보자기를 등에 가로 메기 한 후 냅다 집으로 달렸다.

시골집의 겨울은 농한기라 비교적 한가하다. 주로 집에서 새끼 꼬는 일과 가마니를 짰다. 가마니는 새끼와 짚을 이용해 돗자리 짜듯이 짜서 만든 곡식 등을 담는 물건이다.

겨울이 지날 때쯤 되면 새끼와 짚으로 이엉을 엮어 초가지붕을 교체했다. 이엉 엮는 일은 며칠 동안 계속되었다. 처마 부분은 대나무로 마감하는데 우리 집 뒤편에 대나무밭이 있어 그것을 베어 사용했다. 대나무가 없는 집은 우리 집에 대나무를 사러 오기도 했다. 지붕을 교체할 때 기존 사용했던 이엉을 벗겨내면 굼벵이들이 득실거렸다. 지금 같으면 약재나 식용으로 사용했을 텐데 그때는 그렇지 않았다.

저녁에는 이웃 어른들이 우리 집으로 자주 놀러와서 시간을 보냈다. 어른들은 밤에 간식으로 고구마나 무를 깎아 드시곤 했다. 어떤 날은 캄캄한 밤에 나에게 막걸리를 사 오라며 심부름을 시켰다. 그것이 정말 싫었다, 왜냐하면 밤길이 무서웠기 때문이다.

가게까지 가는 길에 귀신이 나온다는 곳이 몇 군데 있었기 때문이다. 그곳을 통과할 때는 머리가 꼿꼿이 서고 식은땀이 등에 흘렀다. 그래서 나는 무서움을 피하려고 집에서 나오자마자 뛰기 시작했다. 한 손에는 막걸리를 담을 유리병이나 주전자가 들려 있었다. 가게는 아랫마을에 있었고 꽤 멀었다. 집에 올 때도 마찬가지로 뛰다 보니 집에 도착하면 온몸이 땀으로 범벅이 되었다. 그런 심부름을 1주일에 한두 번씩 했던 거 같다. 어른들은 내가 밤길을 무서워한다는 사실을 알지 못했다. 나도 무섭다는 말을 안 했다. 아마 무섭다고 하면 흉을 보지 않을까 하는 생각이 있었던 것 같다. 방안에는 어른들이 독한 담배를 피워 공기가 탁했고 냄새도 많이 났다. 그런 방에서 우리 식구들 모두는 함께 생활했다.

친구들과 주로 했던 놀이는 우리 집 뒤에 있는 작은 숲과 집 옆에 있는 공터에서 자치기, 술래잡기, 장정 놀이 등을 했다. 가끔 마을 앞 개천에서 물고기도 잡았고 또래들과 수영도 했다. 개천가에는 큰 잠자리가 많았다. 일명 방망이 잠자리, 구렁이 잠자리, 멸치 잠자리다. 우리는 그 중 방망이 잠자리를 주로 잡으며 놀았다. 암컷 잠자리는 허리 부분이 하늘색으로 되어 있어 구분된다. 암컷 잠자리 한 마리를 막대에 실을 매달고 다리를 묶은 다음 빙빙 돌리면 수컷 잠자리가 다가와 달라붙었다. 잡은 수컷 잠자리는 날개를 접어 손가락 사이에 끼고 놀았다. 잠자리가 죽으면 그것을 헤쳐서 살아 있는 잠자리의 먹이로 주면 잘 먹었다.

겨울엔 눈이 많이 왔다. 대나무 갈비와 창호지를 이용해 연을 만들어 날리며 놀았다. 또 대나무로 스키를 만들어 타기도 했다.

대나무를 반으로 갈라서 끝부분의 5cm 정도 부분의 양옆을 홈을 낸 다음 불에 그을려 구부리면 스키 모양으로 굽어진다. 또 두 개의 각목 위에 판자를 깔고 못질을 한 후 각목 부분에 철근을 붙여 만든 썰매도 타고 놀았다. 그러한 놀이기구는 옆집 사촌 형들이 만들어 주었다. 그리고 동네 형들은 산토끼를 잡기 위해 굵은 실로 50여 미터 길이의 그물망을 만들어 사용했다. 산토끼의 이동로에 그물망을 설치한 후 여럿이서 그 방향으로 토끼를 몰아 잡는 방법이다. 어쩌다가 한 마리를 잡으면 동네잔치다. 큰 가마솥에 쌀과 토끼고기를 넣어 죽을 쑤어 여럿이 나누어 먹었다.

정월 대보름날이 가까워지면 솔밭에 가서 강 솔을 채취했고 폐고무들을 모았다. 보름 전날 밤에 불깡통을 돌리기 위해서다. 보름 전야에는 동네 형들이랑 집 앞 논두렁으로 가서 채취한 강 솔이나 고무를 깡통에 넣어 불을 붙인 다음 그것을 돌리며 놀았다. 온 천지가 불 축제였다. 깡통에 불씨가 가득 차면 공중으로 회전력을 이용해 힘껏 던진다. 그러면 불깡통에서 불씨가 쏟아지며 멋진 불기둥이 형성되었다. 하늘 공간 여기저기서 수많은 불꽃이 멋지게 장식되었다

어느 이른 봄에 우리 또래들은 '도래산'이라는 곳에 칡을 캐러 간 적이 있다. 날씨도 제법 추웠다. 두 시간 이상을 걷다 보니 점심시간이 다가왔다. 하지만 배는 고프고 먹을 것이 없었다. 그래서 이동로 주변 밭에 겨울을 나기 위해 땅에 묻어 놓은 무를 파먹으며 계속 걸었다. 한참 후 산에 인접한 마을에 도착했다, 그 마을엔 학교 친구가 살고 있었다. 일행은 그 집에 들러 밥을 얻어먹

었는데 김치비빔밥이었다. 보리밥에 된장, 푸성귀, 김장김치 등을 넣어 비벼 주었는데 배가 얼마나 고팠는지 금방 먹어치웠다. 맛도 일품이었다. 그 맛은 50여 년이 지난 지금도 잊을 수 없다.

매년 가을이 되면 학교에서 운동회를 했다. 그날은 학교 축제일이다. 운동회 날에는 가족들도 모두 참석했다. 운동장에는 만국기가 휘날렸고 학교 주변은 아이들이 군것질할 수 있는 먹거리들로 장사진을 이루었다. 어떤 군것질을 했는지는 기억이 명확하지 않지만 군밤, 풍선, 딱지, 껌, 알사탕들이 있었던 것 같다. 학생들은 덧버선으로 된 신발과 반바지 운동복을 입었고 이마에는 청군 백군을 구분할 수 있는 머리띠를 둘렀다. 각 가정에서는 음식을 준비해 와서 운동장 언덕 위 나무 그늘에 자리를 잡았다.

운동회는 전교생이 청군과 백군으로 편성해서 경기했고 모두가 볼 수 있도록 대형 점수판에 점수를 기록했다. 어른들은 자식들이 경기할 때는 일어서서 힘차게 응원했다. 어른들도 줄다리기, 자전거 타기 등 경기에 참여했다. 점심시간이 되면 가족들이 모두 모여서 즐겁게 식사했다. 음식은 찰밥, 밀가루 빵, 고구마, 삶은 달걀 등이었던 같다. 지금 생각하면 변변찮은 음식이지만 그날 가족들이 모여 함께 먹는 음식은 최고였다. 나는 달리기가 기억나는데 항상 3등 안에 들어서 상품을 탔다. 상이라는 글씨가 새겨진 노트나 연필이다. 상을 탈 때의 기쁨은 매우 컸고 부모님에게 자랑도 했다.

봄이 되면 학교에서 소풍을 갔다. 기억이 나는 장소는 다보사라는 절이다. 매년 거기로 갔는지 몰라도 그곳밖에 기억이 나지 않는다. 학교에서 2시간 정도를 걸어갈 수 있는 꽤 먼 곳인데 어린 나이에 힘든 행군을 했다. 그곳은 봄날에 벚꽃이 만발했고 꽃내음과 바람에 흩날리던 꽃잎이 눈처럼 휘날리었다. 계곡 조그만 공터에 자리를 잡고 음식을 나누어 먹고 놀이를 하였다. 소풍에 부모님들이 동행한지는 기억이 없다. 다만 여유 있는 집에서 선생님들의 도시락은 싸 온 것 같다.

초등학교는 한 학급이 60명 단위로 편성된 5개 반의 비교적 큰 학교였다. 나의 성적은 항상 40등이 넘는 하위 수준이었다. 성적표를 받을 때마다 부끄러운 생각이 들었다. 그런데 부모님께서는 항상 너그러이 감싸주셨다. 공부 못 했다고 꾸지람을 들은 적이 없었다. 성적을 올리려고 고민하고 노력했던 부분은 기억에 없다. 즐겁게 놀았던 기억만 생생하게 남아있다. 특별히 기억이 나는 선생님은 이OO라는 분이다. 그 선생님은 대나무 뿌리를 회초리로 만들어 항상 휴대하고 다녔다. 그 회초리는 마디가 촘촘히 되어 있어 아주 단단하고 아무리 후려쳐도 부러지지 않았다. 회초리로 손바닥을 맞으면 통증이 살 깊은 곳까지 전해지면서 오랫동안 지속되었다. 특히 추운 겨울 손이 얼어 있을 때 맞고 나면 통증이 더욱 심해졌다.

초등학교 1~3학년까지는 결석이 없어서 학년 말에 개근상을 탔다. 그런데 4학년 때 일명 땡땡이(학교에 가지 않는)를 많이 쳤다. 기억으로는 결석이 29회였다. 동네 친구 중 개구쟁이 한 녀석이 있었는데 친구들을 꾀어 땡땡이를 치게 했다. 땡땡이를 칠 때는 학교 옆 야산에 숨어서 놀았는데 큰길가에 나가서 과속차량을 단속하는 교통순경 놀이, 보물 딱지놀이 등을 했다. 나중에 부모님에게 땡땡이 사실이 알려지면서 혼이 났다. 이후 5~6학년 때는 결석을 하지 않아서 개근상을 탔다. 4학년 때 잠시 방황을 했지만 바로 마음을 잡고 성실하게 초등학교 시절을 마친 것 같다.

5학년 땐가 학교에서 최OO이라는 친구와 주먹다짐을 하며 싸운 적이 있다. 친구와 싸운 후 내 눈덩이는 시퍼렇게 멍이 들었다. 내 모습을 본 부모님들이 난리가 났다. 사촌 형이 학교를 찾아와 그 친구를 혼내주었다. 초등학교 시절은 내성적이고 소심한 성격 때문에 학교폭력의 피해 대상이 되기도 했다.

6학년 때 동네 형이 마을 공터에 복싱 체육관을 차려 아이들에게 무상으로 운동을 가르쳤다. 건물이 아니었기에 맨땅에 필요한 기구들만 가져다 놓고 운동을 했다. 그 형은 시골의 여러 장터를 돌아다니며 장사를 했지만 바쁜 일상에서도 밤에 시간을 내서 후배들에게 복싱을 가르쳤다. 아버지는 나를 강하게 키워야 한다는 생각이 들었는지 그 형에게 나를 특별히 부탁해서 복싱을 배우게 했다. 나는 6학년 때 거기서 1년여 동안 틈틈이 복싱을 배웠다. 또래에 비교해 경기력이 좋았고 적응도 잘했다. 복싱을 배우기 시작하면서 누구와 싸워도 이길 수 있다는 자신감이 생겼고 소심함이 적극적인 성격으로 변해가는 모습을 스스로 발견할 수 있었다.

언젠가 집에 있는 돼지 저금통에서 돈을 빼내어 몰래 사용했다가 엄마한테 들켜서 많이 맞았던 기억이 있다. 엄마 몰래 훔쳤다며 교육 차원에서 혼을 낸 거 같다. 평생을 살면서 부모님에게 맞은 것은 그때가 처음이자 마지막이었다. 그 일이 있는 후 다시는 집에 있는 돈을 훔치지 않았고 부모님 허락 없이 함부로 돈을 쓰지 않았다. 나는 개구쟁이도 아니었고 조용하고 착한 아이였기에 선생님에게 혼이 난 기억이 없다. 하지만 성적이 좋지 않다거나 지각을 해서 체벌을 당한 기억은 어렴풋이 생각난다. 그땐 지각하면 복도에 무릎을 꿇고 앉아 손을 들고 일정 시간 벌을 받았다.

언젠가 이른 아침에 동네 길을 걸어가는데 이슬에 젖은 노란 편지봉투 하나가 길 위에 있었다. 무엇인가 주어서 열어보니 신권 천 원 15장이 들어있었다. 봉투에 글이 쓰여 있었는데 무슨 내용인지는 알 수 없었다. 집으로 와서 아버지께 자초지종을 말씀드리고 봉투를 드렸더니 아랫집 나순경 월급봉투라고 하면서 그 집에 전해 주고 오라 했다. 아버지 말씀대로 전해드렸더니 고맙다고 하면서 아버지께도 고맙다고 전해드리라 했다. 집이 몹시 가난했기 때문에 탐욕도 생겼을 텐데 아버지께서는 정직하신 분이라 그냥 돌려준 것이다. 그러한 아버지의 행동이 나의 성품에도 많은 영향을 미쳤다. 지금 시대 같으면 주운 돈을 신고하면 10%를 주는 제도도 있는데 그때는 그런 것이 없었다. 그리고 돈 주인도 얼마를 보상해 줘야겠다는 생각을 하지 않았다.

당시에는 간식거리가 많지 않은 시절이었다. 아카시아 꽃이 피는 초여름에는 그 꽃을 따서 먹었다. 꽃잎이 달착지근해서 먹을만했는데 너무 많이 먹어 배가 아픈 적도 있다. 가끔 산에 가서 소나무 가지 껍질을 벗기고 그 안에 있는 단물을 빨아 먹기도 했다. 5~6월이 되면 논밭에서 자라고 있는 보리나 밀의 모가지를 꺾어서 불에 그을린 다음 손바닥에 비빈 후 알맹이들을 먹기도 했다. 일명 보릿고개라는 힘든 시절이었다. 비가 오는 날에는 어머니가 밀과 강낭콩, 사카린을 넣어 만든 일명 '밀자반'이라는 간식거리를 만들어 주기도 했다. 오늘날도 비가 오면 집에서 전이나 부쳐 먹자고 하는데 그때는 밀자반을 만들어 먹곤 했다.

학교에서는 강냉이 가루로 만든 빵을 간식으로 주었다. 10시쯤 되면 빵 익는 냄새가 교실을 가득 채웠다. 그 냄새가 얼마나 구수하던지 말로 표현하기가 쉽지 않다. 11시 30분쯤 되면 빵 당번으로 지명된 학생이 양동이를 들고 급식실로 빵을 타러 갔다. 빵 당번은 주로 여학생들이 담당했다. 아마 남학생들이 하면 일부를 먹어치울까봐서 선생님들이 그랬을 것이다. 12시쯤 빵 당번이 양동이에 들어있는 노란 빵을 한 조각씩 쪼개어 나누어 준다. 남의 것이 크게 보이는 것은 당연하다. 빵 당번하고 친하면 조금 큰 것을 준다. 힘이 센 녀석들은 큰 것 달라고 눈빛으로 압력을 넣기도 했다. 간식거리가 변변치 않던 그 시절 강냉이 빵은 최고의 급식이었다.

1968년 10살 때 아폴로 11호가 발사되어 흑백텔레비전으로 생중계되었다. 동네에는 텔레비전이 한 대밖에 없었다. 그날 우주쇼를 보기 위해서 동네 어른들은 모두 그 집 마당에 둘러앉았다. 아이들은 들어오지 못하게 했다. 나는 탱자나무 사이로 집 안쪽을 들여다보았다. 얼핏얼핏 텔레비전 화면이 스쳐 지나갔다. 화면에 우주복을 입은 사람이 둥둥 떠다닌 것을 보았다. 지금 생각하면 왜 어른들이 아이들을 못 들어오게 했는지 모르겠다. 아마 장소가 비좁거나 떠들어서 그러지 않았을까 생각해 본다.

매년 추석에 열렸던 노래 경연이 생각난다. 면 소재지 청년회에서 주축이 되어 밤에 초등학교 운동장에서 거행되었다. 경연 참가 희망자들은 참가비를 냈고, 지역 유지들은 행사를 위해 후원금을 냈다. 다양한 세대들이 참가했고 입상자에게는 가정용품 위주의 상품이 있었다. 그날은 마치 축제와 같은 분위기였다.

당시 가정에서는 땔감으로 장작, 마른 솔잎, 마른 풀, 왕겨 등을 주로 사용했다. 나는 땔감으로 쓸 낙엽을 채취하기 위해 갈퀴와 새끼로 만든 망을 메고 야산에 자주 갔다. 야산에는 소나무에서 떨어진 솔잎과 마른 잔디 잎들이 있었다. 갈퀴로 그것들을 모아서 망에 담아 왔다. 그런데 산에는 그런 땔감들이 많지 않았다. 사람들이 수시로 긁어가기 때문이다. 그래서 산지기들이 그것들을 긁어가지 못하도록 상시 감시했다. 나무를 하다가 산지기한테 들켜서 도망치기를 수없이 반복했다.

### 〈초등학교 시절 #2〉

(이지영의 「글밥짓는 여자」 중에서)

가을이 지나고 찬 바람이 불면 엄마는 뜨개질을 시작하셨다. 5남매의 등쌀에 크고 작은 실뭉치들은 작고 네모난 방을 굴러다니느라 끝도 없이 긴 꼬리를 달고 있었다. 지난해 입던 옷을 풀어서 감아놓은 것은 라면처럼 고불고불하였고 새로 산 실로 감아놓은 것은 폭신폭신하면서도 곱고 예뻤다. 엄마가 뜨개질을 시작할 때면 포근한 스웨터, 방울 달린 목도리, 앙증맞은 벙어리장갑 같은 것을 매번 기대했었다. 그러나 엄마는 일편단심 민들레처럼 오로지 내복 바지만을 짜셨다. 그것은 옷이라기보다 매서운 칼바람을 대비한 5남매의 구호품 같은 것이었다.

아주 어렸을 적에는 5남매 옷의 색깔이 따로따로 구분되어 있었다. 그러나 해를 거듭할수록 옷의 색깔은 고려대상이 아닌 듯했다. 엄마는 행여라도 못 입게 될 것이 염려되시는지 여러 번을 불러 세워 대보시기에도 손이 너무 바쁘셨다. 온 방을 굴러다니던 형형색색의 실뭉치로 짠 5남매의 내복 바지는 참으로 볼만했다. 받아든 그것이 겉에 입는 옷이 아니라 서 그 얼마나 다행이었는지 모른다. 게다가 오른쪽 다리와 왼쪽 다리를 비슷하게라도 맞추어 주셨으면 좋았을 테지만 다른 바지를 합해 놓은 듯 다양하였고 윗부분은 하나로 마무리되었으니 묘하게도 화려했다. 그러니 우리가 내복 바지를 입는 것과 공작새가 꼬리를 펴는 것이 별반 다르지 않았다. 우리 5남매는 겨울마다 죽여주는 색감의 예쁜 '게바지'를 하나씩 지급받았다. 유난스럽게 추위를 탔던 나는 봄이 오는 소식을 들을 때까지 그걸 껴입었다. 지금 생각하면 화려한 색감은 둘째치고 그 거친 것을 어떻게 입고 다녔는지 이해가 안 간다.

강추위 때는 옛날 생각이 많이 났다. 그렇게나 춥고 길던 겨울이 왜 다시 그리워지는지, 그때의 몹쓸 게바지가 왜 그렇게 그리운지 모르겠다. 젊은 엄마가 오른손에 쥐고 있던 대바늘로 건너편에 걸려있는 실을 잡아 올리면 털실이 엮어졌고, 그럴 때마다 뜨개 옷감은 춤을 춰대며 한 칸씩 늘어갔다. 늦은 밤 고단한 엄마의 손놀림으로 서글프면서도 화려한 예술품이 만들어져 가고 있었고 가끔 엄마의 한숨 소리가 들렸다. 돌이켜 보니 그리움도 두 개의 대바늘에 걸린 실처럼 단맛과 쓴맛이 서로 어우러져 있었다. 단맛이 쓴맛을 걸어 올리기도 하였고 어느 땐 쓴맛이 단맛을 걸어 올리기도 하였으니 그리움은 결국 달콤하고 쌉싸름한 맛이었다.

아버지는 눈이 부리부리하셨고 다부진 체구에 짧게 깎은 스포츠머리를 고수하셨다. 한겨울 신사복으로 하얀 목티에 까만 가죽 점퍼를 입으셨다. 그렇게 겉보기에 조폭 두목 같으신 아버지는 겨우내 감언이설로 우리를 놀리셨는데 그건 엄마의 공조가 있었기에 가능한 일이었다. 엄마는 저녁밥을 푸고 나면 한쪽이 닳아 빠진 숟가락으로 가마솥을 긁어 누룽지를 눈 굴리듯 하여 아버지 손에 쥐여드렸다. 엄마의 마음이야 자식새끼 먹이고 싶었겠지만 마지못해 아버지에게 갖다 바쳤고 아버지는 TV를 보면서 저녁 간식으로 그걸 드셨다.

겨울밤은 길고 긴 법. 5남매가 아버지 누룽지에 욕심을 내고 달려들면 아버지는 눈꼬리를 내리고 불쌍한 표정을 지으며 항상 이렇게 말씀하셨다. “이건 아버지 약이야. 아버지가 아파서 먹는 거야.” 그런 거짓말에 떨어져 나갈 우리가 아니다. 까막까막 쳐다보고 있으면 아버지는 얼마 지나지 않아 병아리 눈물만큼씩 떼어서 한 놈씩 나누어 주셨다. 그걸 받아먹던 우리는 치사하게 생각하면서도 그렇게 맛있을 수가 없었다. 그러니 그 노릇을 멈출 수가 없었다. 그렇게 겨우내 아버지의 감언이설이 계속되었고 우리도 호락호락하게 물러서지 않으며 겨울을 버텼다.

기다리던 봄이 왔고 초등학교 2학년이 된 나는 어느 날 그네를 타다가 넘어져서 한쪽 팔을 다치는 바람에 아버지께서 병원에 데려다주셨다. 병원에서는 뼈에 금이 갔다고 했고 깁스(Gips)를 해주었다. 시계를 보니 점심때가 다 되었다. 아버지는 배고프지 않냐고 하시면서 "짜장면 먹을래, 빵 먹을래?" 하고 물으셨다. 한 번도 짜장면을 먹어보지 못한 나로서는 당연히 빵이 먹고 싶다고 했다. 아버지는 나를 빵집으로 데리고 갔다. 내가 골랐는지 아버지가 고르셨는지 몰라도 조금 있자니 주인이 우리 앞으로 수북이 담긴 빵 접시를 내주었다. 정말로 맛이 좋았다. 정신없이 먹다가 아버지를 보니 드시지 않고 계셨다. 왜 안 드시냐 하니 빵은 별로 생각이 없다고 하셨다. 미안하지만 나는 빵이 너무 맛있어서 더는 아버지한테 신경 쓸 여력이 없었다.

병원에 치료 경과를 보러 가는 날도 진료를 마치고 나오니 점심 무렵이었다. 아버지는 지난번과 같이 "짜장면 먹을래? 빵 먹을래?" 하고 물으셨다. 나는 이번에도 빵을 먹겠다고 했고, 지난번과 똑같이 빵 한 접시를 다 먹을 동안 아버지는 그냥 앉아계셨다. 마지막으로 깁스(Gips)를 풀고 병원에서 나왔다. "짜장면 먹을래? 빵 먹을래?" 이번이 마지막 빵 구경이 될 것을 알기에 더욱 큰소리로 빵이라고 대답하자 더는 안 되겠던지 그러지 말고 오늘은 짜장면을 먹어보라고 하시며 웃으셨다. 나는 하는 수 없이 아버지를 뒤따라 짜장면집으로 갔다. 아버지는 앉으시자마자 짜장면 곱빼기 하나와 보통 하나를 시키셨고, 이내 짜장면 두 그릇이 우리 앞에 놓였다. 시커멓게 생긴 게 아주 이상했다. 한심스럽기 짝이 없는 그것을 젓가락으로 말아 올려 입에 넣어 보았다. 그 순간 나는 아버지가 그렇게 원망스러울 수가 없었다. 아니 이렇게 맛있는 걸 이제야 사주시다니! 아버지는 짜장면 곱빼기를 후루룩 소리 몇 번, 젓가락질 몇 번만에 다 드셨다. '마파람에 게 눈 감추듯'이란 말을 몰랐기에 망정이지, 그때 그 말을 알았다면 아버지 앞에서 써먹었을지도 모르겠다. 입에 짜장이 묻은 줄도 모른 채 젓가락질에 여념이 없는 나를 보시더니 맛있냐고 물으셨다. 그렇다고 하니 기분 좋게 웃으셨다. 아버지도 짜장면 드실 때는 내가 안 보였나 보다. 다 드시고 나서야 맛이 어떠냐고 물으신 걸 보면…. 아버지는 짜장면만 좋아하시는 게 아니셨다.

아버지는 식사 때마다 고봉밥을 드셨다. 요즘 밥그릇으로 치자면 아니다. 밥그릇보다는 밥솥하고 견줘도 전혀 꿀리지 않는 고봉밥을 끼니마다 드셨다. 빨갛게 지진 돼지 불고기를 좋아하셔서 엄마가 자주 해드렸다. 고기반찬이 있는 날에는 고봉밥을 다 드시고도 좀 더 달라고 하셨다. 그만큼 잘 드셨고 많이 드셨으며, 아무리 아프셔도 입맛이 없어 밥을 못 먹겠다는 소리는 들어보질 못했다. 그렇게 먹는 것 자체가 신앙이었던 아버지가 나를 위해 빵집에서 두 번이나 굶고 계셨던 것이다. 눈치가 없어도 너무 없었던 아홉 살의 먹부림에 대해 아버지께 죄송했다고 말씀드리고 싶은데 그러지 못하고 있다. 너무 먼 곳으로 가셨기에….

마당으로 햇볕이 기를 쓰고 덤벼드는 뜨거운 여름날이었다. 언니들과 오빠는 학교에 갔고 일곱 살의 나는 동생과 놀고 있었다. 그날 엄마는 꽃장식이 달린 아주 예쁜 샌들을 사 오셨다. 꾸러미를 풀어 마루에 내려놓으셨는데 생전 처음 보는 샌들이 얼마나 예쁘고 앙증맞던지 우리는 입을 다물지 못한 채 새 신발 앞으로 달려들었다. 그러나 샌들은 단 한 켤레뿐이었다. 동생은 그저 좋아 죽겠다는 표정이었고 나도 그러고는 있었지만 그게 누구 것인지 몹시도 궁금했다. '엄마가 나 신으라고 이렇게 예쁜 샌들을 사 오신 걸까?' 생각만 해도 온몸이 둥둥 떠오를 것처럼 기뻤다. 그러나 엄마는 동생 앞으로 샌들을 놔주시며 신어 보라고 하셨다. 발뒤꿈치 쪽에 여유가 있는 걸 보니 동생에게는 약간 큰 듯했다. 하지만 동생은 그걸 신은 채 뜨거운 여름 마당을 깡충거리며 휘젓고 다녔고 엄마는 웃으며 쳐다보셨다. 그날 나는 동생이 낮잠을 자는 사이 몰래 일어나 가지런히 놓인 샌들에 내 발을 밀어 넣어 보았다. 내게는 꼭 맞았다. 처음 신어 보는 샌들이 참 예쁘고 마음에 들었다. '이 샌들이 내 것이라면 얼마나 좋을까?' 그렇게 몇 번을 더 걸어보았는데 마치 남의 것을 훔쳐 신기라도 한 것처럼 가슴이 두근거렸다.

초등학교 4학년 때였다. 엄마에게 신발 한 짝을 보여주었다. 멀쩡해 보이는 운동화였지만 엄마에게 보인 오른쪽은 뒷부분이 망가져 있었기에 걸을 때마다 훌떡 훌떡 벗겨졌다. 그래서 걷는 게 너무 불편하니 새로 사달라고 졸랐다. 알았다고 하셨지만, 엄마는 신발을 사주지 않으셨다. 한 번을 더 말씀드렸지만 역시 알았다고만 하셨다. 멀쩡한 왼쪽 신발 때문에 사주지 않는 것이라 생각하며 엄마에게 신발로 분풀이를 했다. 나는 그 얄미운 왼쪽 신발을 들고 밖으로 나가 흙바닥에 주저앉히고 힘껏 문질러 댔다. 힘이 모자란 것인지 기술이 없어서 그런지 애쓴 보람도 없이 신발은 아주 멀쩡한 얼굴로 나를 빤히 쳐다보고 있었다. 양쪽이 다 떨어져야 사주실 테니 포기할 수는 없었다. 다시 그것을 들고 시멘트 다리까지 찾아가 갈고 또 갈았다. 어느 정도 그렇게 공을 들이다 보니 운동화 바닥이 거친 시멘트에 조금씩 갈려 나갔다. 그러나 윗부분은 여전히 멀쩡했다. 신발은 그렇게 징하게 멀쩡했고 그럴수록 나도 악을 쓰며 달려들어 이번엔 신발을 엎어놓고 갈기 시작했다. 결국 신발 뒤축까지 너덜거렸다. '이만하면 됐다.' 그날 저녁 망가져 버린 양쪽 신발을 다시 엄마에게 보여주었다. 다음 날 아침 일찍 책가방을 메고 엄마를 따라 시장에 갔다. 양쪽 신발이 다 떨어졌으므로 신발을 사 신고 나서야 등교할 수가 있었기 때문이다. 신발 가게 주인은 나에게 예쁜 구두를 보여주며 어떠냐고 물었다. 나쁜 짓을 해서 신발을 사 신게 되었으므로 그렇게 예쁜 구두는 어쩐지 내게 어울릴 것 같지가 않았다. 나는 빨간색과 검정색 체크 문양 안에 '동짜몽'이라고 쓰여있는 운동화를 골랐고 드디어 새 신발을 신고 학교에 등교할 수 있었다. 그렇게 해서 유년 시절의 신발 사건이 일단락되었다. 그러나 그 여름 코흘리개 계집아이의 서러움과 운동화를 시트 바닥에 갈 던 그날 저녁의 비릿한 자책이 내 안의 비밀 창고 안에 꽤 오랫동안 상처로 남아있었다. 내가 두 아이를 낳아 기르던 어느 날에도 그 상처는 치유되지 않은 채 그대로 남아있었기에 나는 여전히 서러웠다. 그러나 세월이 좀 더 흘러 이 나이를 먹고 보니 엄마를 이해할 수 있게 되었다. 아이 둘을 키우고 있는 나로서도 그때그때의 상황에 따라 큰 아이를 더 챙겨줄 때도 있고 작은 아이를 더 챙겨줘야 할 때도 있었다. 우리 엄마는 5남매를 키우셨으니 오죽하셨으랴. 끝도 없이 굴러떨어져 내리는 시시포스의 돌을 밀어 올리듯 하루하루를 그렇게 살아오셨을 것이다. 그러니 다섯 놈 중 어느 놈 하나의 운동화가 찢어졌어도 대수롭지 않은 일이었으리라. 그땐 왜 그걸 몰랐을까? 기억이란 실로 보잘것없는 것이기도 했다. 예쁜 샌들과 새로 산 운동화는 아직까지도 선명하게 기억나지만, 악을 쓰며 갈아대던 그 날의 찢어진 운동화는 어떤 신발이었는지 전혀 기억나지 않는다. 나는 그렇게 내 상처만을 또렷이 기억해 내고 있었고, 고단한 엄마의 마음은 아무리 떠 올려 보려고 해도 기억나지 않는 찢어진 운동화처럼 내 기억 속에 자리 잡지 못하고 있다.

## 〈중학교 시절〉

중학교 입학 날이었다. 부모님은 입학선물로 가방과 검정 운동화를 사주셨다. 초등학교 시절 보자기에 책을 싸 들고 다니다가 처음으로 책가방을 갖게 되었다. 중학교 입학식에는 부모님들이 참석하지 않았다. 혼자서 행동할 수 있는 나이가 되었다고 판단해서일 것이다. 가방에 새 책을 넣고 검정 교복과 학생모, 까만 운동화를 신은 입학일은 최고의 모습이었다.

중학교는 면 소재지에 있었고 나는 면 소재지에 있는 초등학교를 졸업했다. 중학교에 입학하니 면 소재지 외곽의 인접 마을에서 다른 학교 출신들도 꽤 많이 왔다. 학급은 여학생 2개 반, 남학생 3개 반으로 편성했다. 중학생이라는 모습이 자랑스럽고 자신감도 서서히 끓어오르기 시작했다. 나는 학교가 가까운 곳에 있어 도보로 통학을 했지만 다른 지역 학생들은 버스를 타고 통학했다. 새로운 친구들이 많이 입학했지만 나는 위축되지 않았다. 오히려 그들이 낯선 환경에 기가 죽어 있었다. 왜냐면 그들은 낯선 지역이고 수적으로도 열세했기 때문이다. 처음엔 서로가 어색한 분위기였지만 짝꿍이 정해지고 서로서로 인사를 나누면서 빠르게 적응되어 갔다.

중학생이 되면서 소심한 성격이 적극적 성격으로 변화되면서 남다른 리더십을 발휘하기 시작했다. 초등시절 복싱을 배웠던 것이 큰 영향을 미쳤던 것 같다. 초등학교 시절 나를 괴롭히던 아이들도 나에게 상대가 되지 못했다. 주변에 좋은 친구들도 많이 생겼다. 초등학교 때 꼴찌그룹에서 맴돌던 학교성적도 상위 10% 안으로 들어왔다. 수업도 남녀 혼합으로 편성된 우수반에 편성되었다. 자존감이 향상되었고 성적도 비교적 좋았지만 열심히 공부한 기억은 없다. 성적은 연중 거의 변화가 없었다. 왜냐면 모두 공부하는 조건이 같았기 때문이다. 시골의 가정환경이나 학교의 학습환경이 대체로 유사했기 때문이다.

나는 덩치가 비교적 큰 축에 있었기 때문에 어울리는 애들도 비교적 큰애들이었다. 우리 그룹은 남학생 여학생 합쳐서 15명 정도 되었는데 즐거운 추억들이 많다. 연말이나 성탄절, 주말 등에는 모두 모여 음식도 만들어 먹고 저녁 내내 놀이를 하면서 보냈다. 음식 재료를 사고 만들고 하는 것은 주로 여학생들이 했고 남학생들은 놀이를 준비했다. 그때 단짝이던 여학생이 있었는데 그녀는 졸업하고 외국으로 이민을 가버려서 그 이후 모습을 보지 못했다.

사춘기에 접어들면서 검은 내 얼굴이 싫었다. 서울에 살다가 모처럼 고향을 찾은 친구를 보면 얼굴이 하얘서 무척 부러웠다. 서울 친구에게 서울 살면 얼굴이 하얘지냐 물었더니 수돗물을 사용하면 하얗게 된다고 했다. 나는 여름방학을 이용해 수도시설이 있는 광주 외갓집에서 보내기로 했다. 그 이유는 매일 수돗물을 사용해서 하얀 얼굴을 만들기 위해서였다. 여름방학이 되자 나는 부모님에게 허락을 득하고 광주의 외가로 갔다. 외갓집은 낡은 다세대 주택이었는데 집 바로 앞으로 철도가 지나고 있어 가끔 기차가 다녔다. 나는 매일 수돗물로 얼굴을 씻고 또 씻었다. 그리고 햇볕도 쬐지 않았다. 매일 하얗게 변화된 모습을 보기 위해 거울도 수십 번 봤다. 10일 정도 지나니 얼굴이 점점 하얘지는 것 같았다.

여름방학이 끝날쯤 되어 나는 시골로 내려왔다. 햇빛을 안 보고 수돗물 세수 덕택인지 몰라도 얼굴이 하얘진 것 같았다. 친구들도 나를 보더니 얼굴이 하얘졌다며 신기하다는 모습으로 쳐다보았다. 그런데 며칠 지나고 나니 내 얼굴은 다시 옛날 그 모습으로 돌아왔다. 원래 피부색이 그런 것인데 쓸데없이 광주에 가서 고생한 것 같아 속이 상했다.

외갓집에는 외할머니가 계셨는데 가끔 콩을 맷돌로 갈아서 콩국수를 해주셨다. 콩국수에 사카린을 넣고 약간의 소금 간을 했는데 그 콩국수의 맛을 지금도 잊을 수 없다. 지금도 콩국수를 먹을 땐 예 추억이 그리워 설탕을 조금 넣어 먹는다. 나를 무척 아끼고 사랑을 듬뿍 주신 할머니가 자주 생각나고 그립다.

거의 매일 즐겨 먹었던 간식이 있었다. 밀가루나 보리쌀 찌꺼기로 만든 빵 같은 개떡이다. 개떡은 밥을 지을 때 솥에 들어있는 밥물 위에 호박잎을 깔고 그 위에 밀가루 반죽을 부어 밥과 함께 찐 빵이다. 개떡은 맛이 꽤 괜찮았다. 개떡을 먹을 때는 호박잎을 다 떼어내고 먹었다. 지금 생각하니 영양식이었는데 그걸 몰랐었다. 어른들은 호박잎까지 모두 먹었었던 것 같다. 학교에 갔다 오면 제일 먼저 부엌으로 가서 찬장 문을 열고 시렁에 놓아둔 개떡을 먹었던 기억이 생생하다.

당시에는 쌀보리가 귀했기 때문에 거의 매일 밀가루로 만든 국수가 주식이었다. 매일 먹다 보니 국수가 정말 싫었다. 국수에는 양념간장이나 사카린을 넣어 먹었다. 국수가 먹기 싫다고 투정을 부린 경우가 많았다. 밥을 먹고 싶다고 투정하는 자식에게 국수만 먹였던 부모님 마음은 얼마나 아팠을까 생각하니 안타까운 마음이 든다.

추석이 다가오면 모시 송편을 만들어 먹었다. 집 뒤편 텃밭에 모시 나무가 한 그루 있어서 추석이 되면 모시 잎을 따서 송편을 만들어 먹었다. 송편은 냉장고가 없던 시절이라 오래 보관하기가 어려워서 많이 만들지는 않았다. 지금도 추석이 오면 어머니와 모시 송편이 그리워진다.

설날에는 쑥떡을 많이 했다. 쑥떡은 잘 말린 다음 시렁에 보관했다가 한 달여 정도를 간식으로 먹었다. 보관된 쑥떡엔 곰팡이가 조금씩 보였지만 쪄서 먹으니 문제가 없었다. 이틀에 한 번꼴 쑥떡을 쪄서 간식으로 먹었다. 떡에 콩고물을 묻히고 조청에 찍어 먹으면 그 맛이 일품이었다. 어머니는 찐 쑥떡을 그릇에 담아 방 아랫목에 이불로 덮어 놓았다. 학교에 다녀오거나 밖에서 놀다 와 방 아랫목 이불을 걷어 보면 쑥떡이 있었다. 그것을 꺼내서 맛있게 먹은 기억이 겨울과 함께 온다. 지금도 쑥떡을 먹을 때면 어머님 생각이 간절하다.

정월 대보름에는 찰밥을 했는데 시루에 찹쌀을 넣고 김이 빠져나가지 않도록 시루와 솥단지 사이에 밀가루 반죽으로 막는다. 그 밀가루 반죽을 일명 '시루 핀'이라고 하는데 그것도 맛있게 먹었다. 보름날 밤에는 찰밥을 김에 말아서 몇 가지 나물과 함께 장독대, 부엌, 대문 옆, 창고, 마루 등에 차려 놓는다. 또래들은 각 집에 차려 놓은 찰밥을 서리해 먹으며 보름날 밤을 즐겁게 보냈다. 보름날 아침에는 복조리를 들고 마을 집들을 돌면서 이것저것 얻어 온 기억도 어렴풋이 있다.

명절이나 제사 때 인절미를 만들기 위해 사촌 형들과 함께 절구통에 찹쌀밥을 넣어 절굿공이로 쳤던 기억이 있다. 형들이 주로 절굿공이로 찧고 고모와 어머니가 손에 물을 묻히고 김이 모락모락 나는 떡을 뒤집었다. 다 찧어진 떡은 암반이라고 하는 넓은 상에 펼쳐 놓고 콩가루를 묻힌 다음 가마솥 뚜껑으로 굴리면서 보관하기 쉬운 크기로 잘랐다.

중학교 시절 아버지의 모습은 열심히 일하는 모습만 본 것 같다. 어려운 가정 살림을 꾸려나가려면 남들보다 더 많이 일해야 했기 때문이다. 일하려면 체력이 받쳐주어야 하는데 영양 공급이 원활하지 않아서 힘들었던 것 같다. 겨울이 되면 재미 삼아 혹은 영양공급원으로 날짐승들을 잡기 위해 노력했다. 사촌 형들이 하는 것을 보고 답습했다. 꿩을 잡기 위해 콩알 내부를 파내고 그곳에 싸이나(극약)를 넣고 양초로 밀봉했다. 나는 밭고랑의 눈을 발로 저어 치운 다음 솔잎 몇 개를 깔고 그 위에 약이 든 콩을 올려놓았다. 그렇게 해서 겨우내 두세 마리 정도 꿩을 잡았다. 물이 담아진 논에는 저녁 즈음에 물오리들이 와서 잠을 잔다. 그것을 잡기 위해서 작은 물고기를 잡아 뱃속에 싸이나를 넣은 다음 물이 닿지 않는 부유물 위에 올려놓는다. 그렇게 해서 물오리들을 잡기도 했다.

동네 앞 개울가에 가서 조랭이로 물고기를 잡아 요리해 먹기도 했다. 조랭이란 긴 대나무에 그물망을 매달아 물밑 바닥을 훑어서 물고기를 잡는 도구다. 잡은 물고기는 김장김치와 무, 고구마순 등을 넣어 쪄 먹었는데 그 맛이 일품이어서 밥 한 그릇을 뚝딱 해치울 수 있다. 지금도 그 맛이 그리워질 때는 붕어찜 요리를 먹곤 한다.

우리 집은 돼지와 토끼를 키웠다. 나는 돼지에게 먹일 개구리를 잡기 위해 막대를 들고 매일 논두렁을 돌아다녔다. 잡아 온 개구리는 나도 먹고 돼지도 먹었다. 개구리 뒷다리 부분은 햇볕에 말려 구워 먹고 나머지는 삶아서 돼지에게 주었다. 돼지는 개구리 삶은 것을 아주 잘 먹었다. 토끼는 부드러운 풀이나 아카시아 잎을 주로 먹였다. 겨울에는 고구마나 시래기 등을 먹이로 주었다. 토끼는 번식이 좋아 순식간에 개체 수가 늘어났다. 토끼가 40여 마리까지 된 적도 있다.

언젠가 극장에 영화를 보기 위해 십 리가 되는 길을 걸어간 적이 있다. 누구랑 갔었는지 잘 기억이 안 나는데 불량배 학생에게 돈을 빼앗긴 적이 있다. 다짜고짜 다가와서 돈을 빌려달라고 했다. 돈을 안 주면 때릴 것 같아서 가지고 있는 돈을 모두 주었다. 그때 돈을 내놓으라고 협박하지 않고 빌려달라고 한 것을 보면 단수가 높은 불량배였던 거 같다.

부모님은 가끔 부부싸움을 했다. 아버지는 일을 마치고 저녁에 술을 드시고 오는 날엔 꼭 싸웠다. 무엇 때문인지 알 수 없으나 아버지가 일방적으로 어머니에게 압력을 가했다. 세간살이를 집어 던져 파손시키기도 했다. 그럴 때마다 나는 울며 싸움을 말렸지만 역부족이었다. 그러한 모습을 종종 접하면서 불안감이 트라우마로 작용했다. 마을에서 놀다가 아버지가 집에 들어오는 모습을 관찰하는 것이 습관화되었다. 혹시 술을 드셨는지 그렇지 않은지, 술을 드신 것을 목격하면 가슴이 콩닥거리기 시작했다. 또 싸움이 시작될 것이기 때문이었다. 그런 생활이 반복되면서 평상시에도 가슴이 두근거리는 증세가 나타났다. 그 증세는 집을 떠나서 살았던 20대까지 계속되었던 것으로 기억된다. 지금 생각하면 아무리 열심히 일해도 앞이 보이지 않고 어머니에 대한 자격지

심 등이 많이 작용하지 않았나 생각해 본다. 어머니는 동네에서 인기가 많았던 것으로 기억된다.

중학교 3학년이 되었을 때 진로에 대해서 생각하기 시작했다. 그 무렵 박정희 정부가 대구에 세운 금오공고라는 학교가 있었다. 전국에 있는 중학교에서 각각 우수한 학생 1명만을 추천하게 되어 있었다. 추천되어도 모두 합격되지는 않는다. 입학이 되면 3년간 무료로 숙식, 공부, 취직을 시켜주었다. 그래서 경쟁력이 매우 높았다. 나는 부모님의 경제적 부담을 덜어주기 위해 그 학교에 가고 싶었다. 그래서 그 학교에 가겠다고 신청했는데 다른 학생이 추천되었다. 그 학생 아버지는 어느 학교의 교사였는데 여러 조건상 내가 부족했었나 보다. 결국은 그 학생도 주최 측에 의해 불합격되었다. 그때 내가 그 학교에 갔더라면 어떻게 되었을까 생각해 보았다. 그 시절 그 학교에 갔던 애들은 졸업하고 업체에서 기술자로 일하다가 군에 입대 시기가 되면 기술 사관으로 많이 갔다. 일정 기간 훈련받고 준사관(준위)으로 임관을 해서 직업군인이 되는 길이었다. 평생을 준위 계급으로 생활하지만 안정된 직장을 가질 수 있었다. 나도 금오공고에 합격했으면 아마 준위라는 계급을 달고 30년 이상 군 생활을 하지 않았을까 생각이 든다. 다행인지 모르겠지만 나는 장교로 30년간 군에서 생활했고 영관장교로 퇴직했다.

고교 입시 시기가 다가왔다. 시골에 있는 고교에 입학해야 할지 도시로 나가서 꿈을 키워야 할지 선택해야 했다. 도시로 입학을 하려면 돈이 많이 들어간다. 집안 형편은 어려웠지만 나는 도시로 고등학교를 가야겠다고 생각했다. 부모님께서도 내 앞날을 위해 도시로 나가는 것을 승낙해 주셨다. 우리 마을의 동갑내기 11명 중 도시로 학교 간 친구는 내가 유일했다. 모두 고향에 있는 고등학교에 입학했거나 입학 자체를 하지 않았다. 당시 어려운 환경에서도 도시로 학교를 보내 준 부모님들은 학비 때문에 고생을 많이 하셨다. 하지만 나는 자식에 대한 도리나 부모에 대한 기대를 다하지 못해 항상 아쉬움으로 남아있다.

고교 입시시험일이 다가왔다. 시골에서 부모님이 올라오셨고 광주에 사는 외삼촌도 오셨다. 1월의 추운 겨울 날씨에도 불구하고 시험이 끝날 때까지 교문 앞에서 기다리셨다. 시험이 끝나고 교문 밖에 나왔더니 모두 반갑게 맞이해 주시면서 수고했다고 등을 다독거려주셨다. 그리고 주변 식당에서 모두 함께 점심을 먹었다. 식사 중 어머님께서 말씀하시길 최근 나에 대한 사주를 보았는데 평생 관직을 하고 살 팔자라고 했다. 그중에서도 경찰이나 군인을 하면 좋다고 했다. 그땐 그냥 흘러들었는데 그것이 나중에 운명이 될 줄은 몰랐다. 고등학교 합격자 발표날이 되었다. 600명 모집에 2.7대1 경쟁률이었다. 고교 연병장 사열대에 합격자 명단이 내걸렸다. 나는 중간쯤 되는 성적으로 고등학교에 합격했다.

## 〈고등학교 시절〉

입학을 위해 학교에서 지정한 새로운 교모와 교복을 맞춰야 했다. 동복은 모든 학교의 교복이 비슷한 모양이었으나 하복은 학교마다 색상과 디자인이 달랐다. 모교의 교복은 디자인이 세련되어 시내 고등학교 중 가장 인기가 있었다. 나는 학교 주변 지정된 가게에서 교복을 맞추고 교모와 1학년 뱃지를 구입했다. 부모님은 교복을 크게 맞추라고 주문했다. 체격이 금방 커지는 시기여서 나중에 못 입기 때문이다. 입학식 날 입은 교복은 팔과 다리 부분 모두가 길었고 품도 컸다. 어색했지만 어쩔 수 없었다.

1학년 학급은 55~60명 단위 모두 10개 반으로 편성되었으며 내가 편성된 반은 문과로 58명이었다. 신장 순서대로 교번을 편성했는데 나는 큰 키여서 54번이었다. 시골에서 도시 학교로 입학했지만 당당하게 임했다. 당시 53~58번까지 중 2명을 제외하고 4명이 지금까지 정기모임을 갖고 있다. 모두 소중한 친구들이다.

한 번은 학교 친구들이 내 고향인 시골 구경을 하고 싶다고 했다. 집이 초가집이고 누추해서 계속 사양했지만 자주 요청해서 어쩔 수 없이 약속하고 말았다. 주말이 되어 친구들과 버스를 타고 시골에 가는데 마음이 편치 않았다. 집에 거의 다다랐을 때 나는 친구들을 옆집 고모 집으로 안내했다. 그 집도 좁고 보잘 것 없었지만 지붕을 슬레이트로 개량하여 초가집이 아니었기 때문이었다. 사촌 동갑내기가 지내는 방으로 모두 안내했다. 이것을 알게 된 어머니께서 우리 집 놔두고 왜 그 집에 있느냐고 했다. 그래서 모두 우리 집으로 이동해서 어머니가 지어주신 점심을 맛있게 먹었다. 지금 생각하니 그때 어머님 마음이 얼마나 가슴이 아팠을까 생각하면 고통스럽다. 그래서였던지 부모님들은 자식들이 기죽지 않기 위해 부랴부랴 새집을 짓게 된 것이다. 지금도 시골에 가면 그 집이 그대로 있다. 다른 외지 사람이 무상으로 살고 있다. 명절이면 산소에 갈 겸 고향을 방문하는데 이때 집에 들러 옛 생각에 잠시 잠기곤 한다.

나는 외삼촌 집에서 하숙하면서 학교에 다녔다. 등하교 시 걷기도 하고 때론 시내버스도 타고 다녔다. 외갓집에서 학교까지 거리는 많이 떨어져 있었다. 버스로 가면 20분 정도 걸렸다. 차는 항상 만원이었다. 버스 타는 비용이 25원이었던 걸로 기억된다. 그 돈을 아끼기 위해서 아침 일찍 걸어서 학교에 가는 경우도 많았다. 지름길을 따라 빠른 걸음으로 가면 30분 정도 걸렸다. 바람이 불 때는 비포장도로에 있는 흙먼지가 눈에 자주 들어가 눈을 자주 비비다 보니 눈이 충혈된 적이 많았다.

외할머니는 학교에서 먹을 점심 도시락을 매일 싸 주셨다. 밥을 가득 담다 보니 밥은 항상 도시락 뚜껑에 눌려 있었다. 외가도 살림이 넉넉하지 못했지만 배고프지 않도록 먹이고 싶어 그랬던 것 같다. 반찬은 깍두기와 배추김치를 번갈아 싸 주셨다. 병에 담아서 물이 흐르지 않도록 뚜껑을 닫아주셨다. 어머니께서는 매월 쌀 한 말을 가지고 시골에서 버스를 타고 오셨다. 내가 식성이 좋을 나이라 쌀 한 말 가지고는 감당이 안 되었지만 가정 형편이 넉넉하지 못했으니 어쩔 수 없었다. 고등학교 3학년이 되면서부터 외가에서 나와 방을 얻어 자취했다. 자유롭게 살고 싶은 생각 때문이었다. 냄비에 밥을 짓고 변변치 않은 김치로 식사를 했지만 아주 맛있었고 그런 생활이 재미있었다.

나의 학교성적은 좋지 않았다. 하지만 선도부를 하면서 학생들을 지도하였고 학도호국단 중대장으로 임명되어 교련시간에 학생들을 지휘하기도 했다. 그때는 나 자신이 꽤 멋있다고 생각했던 거 같다.

봄가을에 있는 소풍의 명칭을 학교에서는 행군이라고 불렀다. 그래서 소풍 갈 때는 교련복을 입고 행군을 했다. 오전에 3시간 정도 걸어서 목적지까지 이동했고 도착해서 바로 점심을 먹었다. 행군 간 나는 중대 기수를 대동하고 맨 앞에서 걸었다. 소풍의 오후는 즐거운 놀이 시간이다. 나는 그때 '정선 아리랑'이라는 노래를 불러서 히트 치기도 했다. 야외 전축에서 흘러나오는 디스코 음악에 맞춰서 춤도 흥겹게 추었다. 내 춤을 보더니 한 친구가 네가 추는 춤이 요즘 유행이라고 하면서 잘 춘다고 했다. 아무 개념 없이 춤을 췄던 거 같은데 괜찮았나 보다.

기억에 남는 선생님은 별로 없다. 공부를 못했기 때문에 선생님들하고 접촉이 별로 없었다. 영어 선생님은 삼륜차인 퍼블릭카를 타고 다녔다. 그 당시는 승용차 있는 집이 거의 없었기에 특별하게 보였다. 화학 선생님은 나이가 지긋하신 분이었는데 나는 지금도 원소기호 20번을 암기할 수 있다. 세계사 선생님은 스토리텔링 기법을 활용해서 열정이 있는 강의를 했다.

주말이 되면 나는 시골로 내려왔다. 부모님이 하시는 농사일을 도와드려야 했기 때문이다. 광주에서 친구들과 놀고 싶었지만 고생하시는 부모님을 생각하면 도와드려야 한다는 생각이 앞섰다. 하루는 늦가을에 벼를 베는데 논바닥에 발이 쑥쑥 빠졌다. 발이 땅에 닿으면 차가워서 발이 매우 시리었다. 그래서 발을 들었다

놓았다 자주 반복했다. 이런 모습을 지켜본 아버지는 한심하다는 표정을 지으며 "그렇게 발이 시리냐?" 하셨다. 사실 아버지는 발이 시린 기척이 조금도 없었다. 또 벼를 베는 일은 허리를 구부리고 하는 일이다. 얼마나 허리가 아픈지 자꾸 허리를 들어 아직 남아 있는 벼를 힘겹게 바라보곤 했다. 언제쯤 벼를 다 벨까 하는 표정으로 말이다. 그런 모습을 본 아버지가 또 "애야! 아버지는 몇 날 며칠 벨 수 있는 벼가 있었으면 좋겠다."고 했다. 사실 우리 집은 농사가 많지 않았다. 그런데 나는 일이 하기 싫은 생각만 했었던 것 같다. 빨리 일을 끝내고 친구들과 놀고 싶은 생각이 가득했기 때문이다. 지금 생각하면 철이 없었고 고생만 하셨던 아버지가 불쌍한 생각이 많이 든다.

대학 입학 고사 시기가 다가왔다. 나는 대학을 서울로 가야겠다는 생각이 있었다. 공대에 가서 기술을 배워 빨리 취직하겠다는 생각도 있었지만 한편 허영심 때문이기도 했다. 가정 형편으로 보면 엄두를 낼 수 없었지만 그런 나를 부모님들도 말리지 않았다. 그런데 시험에 떨어져 대학을 포기했다.

## 20대~30대 : 도전과 열정의 시기

20대는 청소년기에서 성인이 되는 시기로서 독립적인 삶을 맞이하게 되고 경험을 넓히는 시기입니다. 남자의 나이 스물이 되면 약관(弱冠)이라 하여 적지 않은 나이라 하였고, 여자는 방년(芳年)이라 하여 꽃이 화사하게 피는 좋은 때라 하였습니다. 이 시기는 변화하는 주변 환경에 맞서 열정을 갖고 도전했던 시절이고 사회에 첫발을 내딛는 순간이기도 합니다. 이 과정에서 남자들은 군대 생활의 문턱을 넘어야 안정적으로 사회 진입이 가능합니다. 군대 생활은 학창 시절을 지나 사회로 이르는 중요한 변곡점으로 수많은 추억을 갖게 합니다. 그리고 평생 마음속에 자리 잡고 있다가 그때 그 시절의 이야기가 나오면 너나 나나 할 것 없이 그 분위기에 푹 젖어 들게 됩니다.

군대 생활은 지난 10대의 삶을 되돌아보게 되고, 인내심과 독립심을 키우고, 사랑하는 사람들에 대한 그리움이 사무치기도 합니다. 특히 어머님에 대한 그리움은 거의 매일 나타납니다.

30대는 정신없이 일에 몰두하는 시기입니다. 하지만 경험이 많지 않아서 직장 일이 만만치 않은 게 사실입니다. 그러다 보니 직장에서도 일에 치이고 상관의 눈치를 보기도 합니다. 또 늦게 퇴근하고 일찍 출근하는 일상 속에서 하루하루가 여유가 없습니다. 어쩌다 시간이 나면 동료들과 한잔하면서 스트레스를 해소하기도 합니다. 이런 일상이 반복되다 보니 가정에 소홀하기 쉽고, 갈등이 생기게 되고, 서로를 챙겨줄 여유조차 줄어들기 마련입니다. 하지만 열정이 많은 시기여서 이것저것 다양한 경험을 통해 바른 가치관이 형성되는 시기이기도 합니다. 이서윤 작가는 그의 책 『서른의 공식』에서 "어떤 경험을 하는가도 중요하지만, 그 경험을 어떤 거름망으로 거르느냐도 중요하다. 경험이라는 것은 순수한 결정체가 아니기 때문이다. 가치관의 녹즙기에 제대로 된 거름망을 만들어놓지 않으면 매번 잘못된 선택을 하고 후회하게 된다. 내 삶의 이정표가 돼줄 가치관을 만들어나가야 한다." 했습니다.

김혜남 심리학자는 그는 책 『서른 살이 심리학에게 묻다』를 통해 올바른 가치관을 통한 욕망의 통제를 강조했습니다. "서른 살은 성공에의 야망이 그 어느 때보다 강한 시기이다. 남을 짓밟고라도 위로 올라가고 싶은 야망, 성공하고 있는 동료를 끌어내리고 싶은 시기심, 돈을 벌기 위해서라면 수단과 방법을 가리지 않는 마음 등 하루에도 열두 번씩 악마가 고개를 치켜든다. 그래서 서른 살은 위험하다." 했습니다.

직장이나 일터, 공동체 생활에서 새로운 사람들과 만남, 자신의 역할, 성공과 실패, 교훈적인 사건, 가치관의 변화, 생활환경, 꿈을 실현하는 과정에서 부모님의 조언, 멘토의 지도, 롤모델 등장이 자신의 정체성 등에 어떤 형식으로 영향을 미쳤는지도 생각해 봅니다.

직장과 일터에서의 역량개발, 승진과 좌절 등을 겪으면서 변화된 자신의 환경과 연애담, 결혼, 육아 과정에서 경험했던 에피소드도 함께 정리해보세요. 또 이 시기에 기억에 남는 여행이 있으면 여행기를 소개해보는 것도 좋습니다.

## 질문

- 대학, 직장, 일터에 참여한 과정과 환경을 맞이하면서 느꼈던 소감은 무엇인가요?
- 대학, 일터, 직장 생활에서 맺어진 인연은 무엇인가요?
- 새롭게 익힌 지식이나 기술이 나의 성장에 어떤 영향을 주었나요?
- 단체 생활에서 인간관계의 어려움이나 갈등 등을 어떻게 극복하였나요?
- 여가는 어떻게 활용했나요?
- 여행이나 취미 활동을 하면서 기억에 남는 일화는 무엇인가요?
- 나를 성장시켜 준 혹은 진로에 영향을 준 교육이나 사건, 사람, 책, 자격증은 무엇인가요? 그것들은 나에게 어떤 성과물을 주었는가요?
- 청년기에 가졌던 꿈과 목표, 성과물은 무엇이었나요?
- 도전하는 과정에서 나타난 장애물이나 취약점들은 나에게 어떤 영향을 주었나요?
- 나에 대한 믿음이 강하게 나타났던 계기는 무엇인가요?
- 당시 포기하거나 달성하지 못했던 것을 재도전하여 성취한 것은 무엇인가요?
- 자신이 이루었던 성과 중 가장 기억에 남는 것은 무엇인가요?
- 가정환경이 진로에 미친 영향은 무엇인가요?
- 나의 진로에 영향을 준 롤모델이나 멘토는 누구인가요?
- 미래에 대한 불확실성을 느낀 때는 언제였나요?
- 초창기 나의 직장은 어떤 업종이면 구체적으로 담당했던 분야는 무엇이었나요?
- 직장에서 가장 가깝게 지낸 사람은 누구이며 지금 어떤 관계를 유지하고

있나요?

- 직장 동료들과 회식, 여행, 놀이, 출장 등에 대한 추억은 무엇인가요?
- 승진과 관련한 이런저런 소감은 무엇인가요?
- 이직 전직에 대한 경험과 그 배경은 무엇인가요?
- 직장 상사와의 갈등, 업무 스트레스 등은 무엇이었나요?
- 배우자에게 관심을 갖게 된 배경과 사랑으로 발전하게 된 계기는 무엇인가요?
- 결혼을 결심하게 된 배경은? 프로포즈는 어떤 형식으로 했나요?
- 결혼을 준비하면서 직면하게 된 문제나 갈등, 즐거운 추억은 무엇인가요?
- 결혼식장의 이모저모와 에피소드, 감동적인 사연은 무엇인가요?
- 신혼여행지에서의 추억과 에피소드는 무엇인가요?
- 신혼생활의 희로애락은 무엇인가요?
- 결혼 당시 자녀 계획과 이행 정도는 어떤가요?
- 자녀를 출산할 때 느낀 감정은 무엇인가요?
- 자녀의 양육환경은 어떠했나요?
- 아이들의 이름은 어떤 형식으로 지었나요?
- 자녀들의 특징적인 성향은 무엇인가요?
- 자녀들을 양육할 때 유의사항과 전수하고 싶은 노하우는 무엇인가요?
- 아이들의 훈육은 어떤 부분에 주안을 두었나요?

▶ 자서전 예시글

### 〈군(軍) 입대〉

대학 입시에 실패하면서 가정 형편도 여의치 않아 재수를 포기하고 공무원이 되겠다는 생각을 했다. 1년 동안 경찰간부직 시험 준비에 돌입했다. 하지만 공부에 집중하지 못하고 또래 친구들과 어울리게 되면서 공무원 시험도 떨어지고 방황의 시간을 보냈다. 집에서는 2대 독자의 귀한 자식이었지만 한편 미운 오리 새끼와도 같았다. 도시에 있는 학교를 보내면 좋은 결과가 있을 줄 알았는데 기대에 미치지 못했기 때문이다. 하지만 부모님은 이런 나에게 잔소리를 하거나 싫은 내색을 전혀 하지 않았다.

나는 매일 적은 용돈으로 친구들과 찻집에서 차를 마시거나 술집에서 친구들과 술을 마시며 놀았다. 지금 생각하면 용돈이 많지 않았을 텐데 하루하루를 어떻게 그렇게 보냈는지 신기한 일이다. 이런 모습을 보는 부모님 속은 얼마나 애가 탔을까 생각하면 죄송한 마음이 그지없다.

군대에 가야 할 시기가 되었다. 문득 예전에 어머님께서 말씀하셨던 나의 사주팔자가 생각 났다. 너는 평생을 국가의 녹을 먹고 살 팔자인데 경찰계통이나 군인이 좋다는 말이…. 나는 경찰 간부가 되고 싶었으나 꿈을 이루지 못했다. 군대 가야 할 시기가 되니 사주팔자에 있는 직업군인이 되어 부모님께 효도하고 싶었다. 나는 육군3사관학교에 지원하여 합격했다. 지원자들이 많이 몰려 경쟁률이 엄청 높았다. 30:1쯤 되었던 것 같다. 함께 응시했던 친구들이 5~6명 있었는데 모두 떨어졌다. 혹서기에 우리나라에서 가장 덥다던 대구 영천의 육군3사관학교에서 가입교를 하라는 안내서가 왔다. 머리를 깎고 집을 떠나던 날 입영을 위해 송정리역에 도착했다. 역전에는 외할머니 외삼촌 부모님 동생들 등 많은 가족이 나와서 눈물의 환송을 해주었다. 나는 눈물을 훔치고 차창 가에 비친 가족들을 바라보며 새로운 세상으로 가고 있었다.

청년기 시절 가장 힘들었던 시기는 사관학교 입학자격을 획득하기 위한 1개월간의 기초군사훈련이다. 대구 영천은 여름에 우리나라에서 가장 더운 곳이다. 군사훈련을 받기 위해 영천역에 도착하니 새벽이었고 트럭 수십 대가 기다리고 있었다. 30분간을 이동해서 06시경 사관학교에 도착했다. 우리는 아침 식사를 위해 인솔 간부 안내에 따라 생도식당으로 이동했다. 식당에는 특이한 냄새가 났고 음식도 잘 먹히지 않았다. 대충 식사를 하고 연병장에 모여 있는데 아침부터 뜨거운 기운이 온몸을 감쌌다.

가입교 한 달 동안은 내 맘대로 할 수 있는 것이 거의 없다. 통제와 엄격한 규율 속에서 인간의 한계에 도전해야 한다. 이 어려움을 극복해야 정식으로 사관학교에 입교할 수 있는 자격이 주어진다. 나는 어떤 어려움이 닥쳐와도 이겨낼 것이라는 의지를 마음속에 새기고 또 새겼다. 사랑하는 부모님을 더는 실망시킬 수 없었기 때문이다.

1일 차는 훈련준비시간이다. 훈련복과 기본 피복, 군화, 개인 장구류, 위생구류, 침구류 등을 지급했다. 군복에 명찰과 개인번호를 바느질해서 달았다. 점심과 저녁 식사시간에 병식을 하는데 역시 입맛이 없었다. 그래서 먹는 둥 마는 둥 했다. 다음 날 아침 군복을 입고 아침 점호를 받는데 한마디로 정신을 못 차릴 정도로 몰아붙였다. 군복도 제대로 입지 못했고, 신발 끈도 매지 못했다. 침구류도 정리하지 못했고, 화장실 갈 시간도 없었다. 선배 생도들이 조교로 파견되어 배치되었는데 여기저기서 소리 지르고, 얼차려를 주는 등 한마디로 아비규환이었다. 모든 것이 서투른 상태여서 선배 조교들의 먹잇감으로 안성맞춤이었다. 사회의 찌든 때를 빼고 군인 정신을 갖추기 위한 하루가 시작되고 있었다. 30분간 아침 점호를 마치고 내무실로 돌아와 세면을 하고 침구를 정리하고 청소를 했다. 아침 식사를 하는데 식사시간은 단 3분이었다. '식사 개시'를 선창하면 '감사히 먹겠습니다' 복창을 힘차게 했다. 순식간에 밥 한 그릇이 없어졌다. 꿀맛이었다. 아침인데도 땀이 빗물처럼 흘렀다. 식사 후 군가를 부르고 발을 맞추며 내무반으로 이동했다. 앞으로 한 달 동안 체력, 정신력, 군인기본자세 등을 완벽하게 갖추어야 했다. 그래야 입학을 할 수 있었다. 중간에 도태되는 자는 곧바로 집으로 보냈다. 고도의 정신력과 체력을 요구하는 하루하루는 그야말로 생지옥과 다름이 없었다.

드디어 훈련이 시작되었다. 군 기본자세인 제식훈련이었다. 모두 연병장에 모여 훈련을 받는데 8월의 수은주가 32도를 나타내고 있었다. 무더위에 철모가 열을 받아 머리가 뜨거웠고 먼지를 많이 마시고 땀을 많이 흘려 목이 타들어 갔다. 소리를 얼마나 질렀는지 목소리가 갈기기 시작했다. 50분 훈련하고 10분을 쉬는데 나무 그늘이 옆에 있는데도 그곳에 들어가지 못하고 햇볕이 내리쬐는 연병장에 줄을 맞춰 앉아서 쉬었다. 단지 철모만 벗을 수 있었다. 머리는 철모 내피에 짓눌려 줄무늬의 자국이 생겼다. 휴식시간에는 탈진 방지를 위해 소금을 한 숟가락 입에 털어 넣고 물을 마셨다. 훈련시간은 긴데 휴식시간은 그렇게 짧을 수 없었다.

8시간의 하루 훈련이 끝났다. 숙소로 돌아와서 세면을 하고 저녁 식사를 하기 위해 식당으로 행진했다. 어제 밥맛이 없었던 것과는 달리 그렇게 밥이 맛있을 수가 없었다. 시장이 반찬이라는 말이 틀린 말이 아니었다. 3분 만에 밥 한 그릇을 뚝딱 해치웠다. 저녁에는 내무교육이 시작되었다. 취침 전까지는 의자나 침대에 앉을 수 없다. 창밖을 바라볼 수도 없다. 적발되면 바로 얼차려였다. 21시까지 교육이 진행되었고 30분간 점호 준비를 한 다음 21:30분부터 21:50까지 저녁 점호가 진행되었다. 말이 점호이지 모든 것이 지적이어서 얼차려 받는 시간이었다. 22시가 되면 취침나팔이 울려 퍼지고 내무실의 2층 침대를 이용하여 취침했다. 여름이지만 모포를 덮고 반듯한 자세로 누워 자야 했다. 취침 자세가 좋지 않으면 바로 기상해서 얼차려를 받았다. 가끔 훈련생들은 2층 침대에서 잠을 자다 바닥에 떨어지는 경우가 있었다. 잠결에 떨어지다 보니 몸에 힘이 들어가 있지 않아 다치지는 않았다.

이런 생활은 가입교 한 달 내내 똑같이 진행되었다. 중간에 참지 못하고 집에 가겠다고 하는 훈련생도 몇 명이 있었는데 곧바로 퇴교 조치를 했다. 나는 퇴교를 해야겠다는 생각을 해본 적이 없다. 집에 가봐야 뚜렷한 진로가 없었고 가족들에게 실망을 안

겨주고 싶지 않았기 때문이다. 그래서 열심히 훈련에 임했다. 훈련 중에 가장 힘든 것은 내 신체구조였다. 행진 시 팔자걸음과 차려 자세 시 무릎이 붙지 않아 지적을 많이 받았다. 팔자걸음 때문에 군화와 구두의 뒷굽이 한쪽만 닳아서 미관상 보기도 좋지 않았다.

나는 사관학교를 1년 늦게 들어갔다. 그래서 내 동기 중에는 고등학교 1년 후배 두 명이 있었다. 우리를 지도하기 위해 파견된 선배 생도 중에도 고등학교 동창이 한 명이 있었다. 서로가 아는 사이였지만 아는 체할 수 없었다. 그 친구도 나를 알면서 아는 척하지 않았다. 그러던 어느 날 밤 취침상태에 있었는데 누군가 내 침대로 와서 "기상!" 하고 속삭였다. 나는 깜짝 놀라 벌떡 일어났다. 취침상태 불량인가? 불안한 마음으로 눈을 떠 보니 고교 동창인 선배 조교였다. 그 친구는 나를 샤워장으로 데려가더니 반갑다 하면서 콜라 한 캔과 카스테라 빵을 주었다. 그렇게 맛있는 콜라와 빵은 예전에 먹어 본 적이 없었다. 얼마나 맛있게 먹었는지 지금도 그 맛을 잊을 수 없다. 정신없이 훈련을 받다 보니 하루하루가 어떻게 지나갔는지 헤아릴 수 없었다.

어느새 한 달이 지나갔고 나는 정식으로 사관학교에 입학하게 되었다. 입학과 동시에 나는 중대장 생도로 임명되어 중대원 130여 명을 지휘했다. X반도에 예도와 권총을 차고, 기수를 대동했다. 아마도 훈련 기간 중 훈육대장이 나를 지속 관찰했고 리더십을 발휘할 수 있는 생도로 인정했던 것 같다. 중대 지휘조직은 부중대장, 소대장, 중대 선임하사, 소대 선임하사, 분대장으로 조직되

었다.(이하 생략)

## 〈초급장교 시절〉

2년간의 교육과정을 마치고 졸업 및 소위 임관식 날이 다가왔다. 이날은 대통령이 행사에 참석 예정이다. 학교는 행사준비에 매우 분주했고 생도들은 열병 및 분열 연습을 수없이 반복했다.

행사 당일 머나먼 시골에서 부모 형제 친지들이 초청되어 행사장에 왔다. 나는 행사준비를 하고 있었기에 가족들을 맞이하지 못했고 안내자가 가족들을 지정된 좌석에 안내했다. 마침내 행사가 끝나고 나는 소속대 푯말이 부착된 곳으로 찾아가 그리운 가족들을 상봉했다.

아버지는 대통령이 임석한 임관식 현장이 감격스러워 연신 눈물을 흘리고 계셨다. 멋지게 성장한 아들이 대견하고 자랑스러웠을 것이다. 우리 아버지는 일본 치하에서도 생활했고 6.25 전쟁도 치렀던 세대다. 일본, 북한, 하물며 우리나라 순경들에게까지 많은 고초를 겪었었던 세대다. 그런데 아들이 국가 최대의 무력집단인 장교가 되었으니 얼마나 자랑스러웠겠는가? 우리 가족들은 잔디밭에 앉아 맛있는 음식을 먹으며 회포를 풀었다.

나는 임관 후 충남 당진 한진 항을 좌우로 연하는 해안소대장으로 부임했다. 내가 지휘해야 하는 병력은 100여 명이었다. 서해안은 리아스시식 해안으로 형성되어 직선거리는 짧지만 경계를 해야 할 해안선은 50km 정도였다. 당시에는 해안으로 북한 무장

간첩이 침투했었기 때문에 주야 불문 무장한 경계병을 해안가에 배치하여 바다를 감시했다. 한진 항에는 50여 척의 어선이 있었는데 군과 경찰이 합동으로 어선들의 입출항을 통제했고, 먼바다는 군 경비정과 경찰 경비정이 임무를 수행했다. 겨울에는 혹독한 추위를 감내해야 했고 여름에는 군복도 뚫는 모기와 싸웠다.

소대장을 마치고 나는 논산훈련소로 명령이 났다. 그곳에서 1년쯤 근무 중이었는데 아버지가 지병으로 돌아가셨다는 비보를 접하게 되었다. 장남이지만 임종도 보지 못했다. 장례 일은 한여름이어서 무더위가 극을 달했다. 고향에 사는 친구와 후배들이 장례를 도와주었다. 아직은 어린 나이여서 장례 행사를 제대로 경험하지 못했던 친구들이었지만 하늘나라로 떠나는 아버님의 상여를 메 주었다. 무더위가 얼마나 심하던지 친구들 모두가 땀으로 뒤범벅되었다. 평생 고생만 하시다가 생을 하직한 아버지를 생각하면 불쌍하고 불효막심했던 자신이 한없이 원망스럽다.

임관 당시 소위 월급은 89,000원이었으나 중위로 진급하면서 91,000원으로 인상되었다. 처음으로 매월 2만 원씩 3년 만기 적금을 들었다. 나는 논산 연무대에서 방을 얻어 자취했고 삼시 세끼를 식당에서 매식했다. 근무지는 부대들이 많이 모여 있어서 동기들이 무려 80명이나 되었다. 친근하고 반가운 동기생들과 어울리면서 음주 가무도 자주 했다. 한 달 월급으로 빠듯한 생활을 했다.

임관 후 3년이 되면서 3년의 적금이 만료되었다. 원금이 72만 원인데 무려 105만 원을 수령했다. 당시에는 이율이 높은 편이었다. 그 돈은 훗날 결혼식 비용으로 유용하게 쓰였다.

### 〈연애와 결혼〉

나는 충남 논산에서 근무 시절 25세에 아내를 만나 연애했고 약혼을 거쳐 27세에 결혼했다. 아내는 내가 세를 들어 살던 주인집 셋째 딸이었다. 서울에서 직장 생활하다 귀향하여 집 근처에서 직장 생활을 하고 있었다. 처가에는 딸들이 네 명이었는데 유독 셋째가 내 이상형이었고 한눈에 반했다. 나는 구애 끝에 사귀게 되었다. 아내와의 연애 시절은 내 인생에서 가장 행복한 순간이었다. 데이트는 주로 집과 가까운 지역에서 데이트를 했으나 가끔 부여의 낙화암, 고란사, 백마강 그리고 논산 은진미륵 등을 다녔던 기억이 있다. 아내는 데이트 중 땡땡이 무늬가 있는 하늘색과 분홍색 원피스를 자주 입었고 머리는 뒤로 묶고 다녔다. 원피스에 머리를 묶은 모습이 예뻤다. 동기들에게 소개도 했다. 동기들은 우리의 데이트를 부러워했고 많이 배려해 주었다. 6개월 동안 연애 후 바로 약혼을 했다. 당시에는 결혼 전 약혼이라는 것이 상례로 여겨졌다. 약혼식은 처갓집에서 이루어졌고 그때 양가 부모, 친지들이 첫 상견례를 했다. 이때 멀리 광주에서 친구들도 축하를 해주기 위해 왔다. 약혼식은 축하 속에서 성황리로 이루어졌고 매우 만족스러웠고 기쁨 그 자체였다.

논산에서 3년을 근무 후 대위로 진급하면서 광주에 있는 상무대로 고등군사반 교육차 이사를 해야 했다. 그리고 교육과정 수료와 동시 강원도 화천으로 근무명령을 받았다.

강원도로 전입 가기 직전 결혼식을 올렸다. 결혼식은 광주 교육회관에서 했는데 보병학교 동기생들과 고교 동창과 후배, 시골 친구 등 100여 명이 참석해서 좁은 예식장을 꽉 메웠다. 신혼여행은 제주도로 2박 3일간 짧게 다녀왔다. 당시의 최고 신혼여행지는 제주도였다. 그때 비행기도 처음 탔다. 설렘과 즐거움이 가득했던 여행이었다.

### 〈신혼생활〉

신혼여행 후 이사 준비로 시간이 빠듯했다. 대한통운에 세간살이를 싣고 앞 좌석에 트럭 운전기사와 우리 부부가 함께 타고 광주에서 강원도 화천을 향해 떠났다. 원주 춘천을 지나 화천에 이르니 7시간 정도 걸렸다. 화천에서부터 근무지까지는 비포장도로를 40여 분 이동해서 민간인 통제선 상에 있는 사방거리라는 마을에 도착했다. 그곳에 군인아파트가 있었다. 저녁 식사 무렵에 도착했는데 병사들이 이삿짐을 옮기기 위해 나와 있었다. 이사를 할 방을 보니 방 하나는 천장 벽지가 떨어져 있고 물방울이 떨어지고 있었다. 그냥 방에다 이삿짐을 대충 내려놓고 21시경 대대장이 저녁 식사를 함께하자 해서 대대장 관사에서 식사했다. 그리고 그 집에서 잠을 자고 아침 식사까지 신세를 졌다. 그때부터 전방에서 본격적인 고생이 시작되었다. 밤에는 야간사격장에서 들리는 총소리와 북한에서 흘러나오는 대남방송이 귓전을 때렸다.

아무 연고도 없는 최전방에서 중대장이라는 직책과 함께 신혼살림을 시작했다.

아내는 접경지역의 낯선 환경에 힘들어했다. 중대장 근무가 10개월쯤 되었을 때 나는 첫 딸을 낳았다. 아내는 산기가 있어 1일 전 춘천에 있는 한림대학병원에 입원했다. 근무지에서 춘천까지는 버스로 약 1시간 정도 이동을 해야 했다. 출산 시는 부대 훈련으로 인해서 출산에 참여하지 못했다. 출산 다음 날 훈련을 마치고 까맣게 탄 얼굴에 수염도 깎지 못하고 병원을 찾았더니 주변에서 신랑인지 몰랐다. 너무 나이가 많이 들게 보인 것이다. 나중에 알게 된 사실이지만 아내가 둘째 부인인 줄 알았다고 한다. 출산 후 산후조리를 돕기 위해 어머니가 전라도 나주에서 강원도 화천까지 올라오셨다. 1~2개월 도와주시다가 농사일도 거들어야 해서 다시 시골로 내려가셨다.

근무지역은 최전방 부대이고 민간인 출입통제지역이었다. 6개월 단위로 대대별 GOP 철책선 근무를 교대한다. 지오피에 들어갈 시기가 되었다. 그곳에 들어가면 1개월에 하룻밤만 퇴근한다. 6개월간 단지 5회만 퇴근을 했다. 남편들이 출근하고 나면 대대장 부인이 소속대 부인들을 불러서 차도 마시고 부대 위문 활동이나 체육대회 연습 등을 했다. 지오피 철책 근무를 들어가면 가끔 수제비 같은 것을 끓여서 위문했다. 사단 체육대회를 할 때는 군인 가족들도 종목을 편성해서 참가했다. 아내는 배구선수로 참가해서 맹활약했다. 체육대회는 연 1회 하는데 3개월 전부터 연습을 했다. 얼굴은 검게 그을리고 아이들도 제대로 챙기지도 못했다.

6개월간의 철책선 근무를 마치고 다시 원대 복귀했다. 이제 퇴근도 하면서 여유를 좀 찾는가 싶었는데 새로운 임무가 부여되었다. 바로 비무장지대에 철책을 설치하는 공사였다. 공사 기간은 3개월이었다. 북한군 턱밑까지 들어가서 임무를 수행해야 하는 위험한 상황이었다. 더욱이 공사 지역 주변에는 대부분 지뢰밭이어서 지뢰를 탐지하고 제거 후에 작업을 해야 하는 위험이 도사리고 있었다. 인접 지역도 동일한 공사를 하는데 사고사례가 접수되고 있었다. 지뢰 폭발로 사상자가 발생했다는 내용이다. 다행히 우리 지역에서는 사고 없이 무사히 임무를 마칠 수 있었다. 하지만 철책 근무와 비무장지대 공사까지 무려 9개월 동안 정상적인 퇴근을 하지 못했다.

중대장 시절 가장 힘들었던 사건이 하나 있다. 완전군장을 한 중대원 120여 명을 인솔해서 주야 연속 100km 행군(24시간 소요)을 할 때다. 비가 많이 내려 군화에 물이 차고, 옷은 젖어 질척거리고, 등에 멘 군장은 비를 맞아 더욱 무거웠다. 12시간쯤 걸었을 때 발바닥 물집이 터져서 피가 나고 통증이 오기 시작했다. 빗발이 굵어지고 강풍까지 불어 우리는 행군을 멈추고 인근 포상(지붕이 있는 포진지)에서 잠시 대기했다. 비가 좀 약해지자 행군을 계속했고 새벽 3시쯤 부대에 도착해서 이상 유무를 확인 후 퇴근했다. 집에 와서 발바닥을 보니 만신창이었고 터진 물집에서는 피가 흘렀다. 너무 피곤하여 대충 응급처치를 하고 잠을 막 붙이려는데 5시경 당직사관에게 전화가 왔다. 통신병이 행군 중 중요한 비밀 1부를 잃어버렸다는 보고였다.

비밀 문건 분실 사고는 대형사고다. 지휘관인 나는 지휘 책임을 당하여 군 생활을 그만두어야 하는 경우가 생길 수 있다. 급히 부대를 들어가기 위해 발을 절뚝거리며 밖으로 나왔다. 어둠이 주위를 감쌌고 비는 억수같이 쏟아지고 있었다. 며칠 전 출퇴근용으로 구입했던 오토바이로 이동하기 위해 보관소로 갔다. 그런데 설상가상으로 밤새 누군가 폭우 속에서도 오토바이를 훔쳐 가버리고 없었다. 쇠고리로 묶고 자물쇠도 채웠는데 쇠고리를 끊고 무언가에 싣고 달아난 것이다. 황당했지만 워낙 사안이 긴급해서 옆집 선임하사를 깨워 그의 오토바이를 빌려 타고 급히 부대로 갔다. 통신병(석승호 일병)에게 자초지종 경유를 물었다. 행군 중 잃어버린 사실을 알았지만 중대장님이 고통스럽게 행군하는 모습을 보니 차마 입이 떨어지지 않았다는 것이다. 어디에서 잃어버렸는지 잘 모르겠으나 자정 무렵 포진지에서 휴식 중엔 있었다고 했다.

통신병을 안심시킨 후 혼자 오토바이를 타고 포진지 쪽으로 출발했다. 그런데 이동로 상에 있는 교량이 폭우로 인해 파손되어 오토바이 이동이 불가능했다. 그래서 오토바이를 놔두고 그 지역을 우회하여 도보로 산을 탔다. 너무 긴장되고 꼭 찾아야만 한다는 절박함 때문인지 발바닥 통증도 전혀 느끼지 못했다. 포진지에 도착해서 풀숲을 헤쳐 보니 그 속에 비문이 있었다. 그때의 짜릿한 희열은 지금도 생생한 기억으로 남아있다. 부대에 연락을 취한 후 부대를 향해 발을 옮겼다. 그때에서야 발바닥이 심하게 아프기 시작했다. 부대 복귀 후 나는 통신병에게 "십년감수 했지? 걱정하지 말고 열심히 하라."며 다독거려주었다. 통신병은 영창 갈 줄 알았는데 용서를 받았다며 눈물을 흘렸다. 행군 간 연속하여 발생한 역경들(우천 중 100km 행군, 발바닥 부상 상태로 계속 행군, 비문 분실, 오토바이 분실, 교량 절단 등)을 불굴의 투지로 극복했던 것이 지금 내 인생에 시금석이 되고 있다.

지금까지의 내 삶을 돌이켜 보면, 어떤 문제에 직면 시 회복 탄력성이 높은 편이다. 위기에 좌절하지 않고 용기와 투지를 가지고 해결해 낸다. 이는 구부러질지언정 결코 부러지지 않는 회복 탄력성 때문이다. 나무가 바람에 흔들리고 휘어지는 것은 왜 그럴까? 바로 부러지지 않기 위해서이다. 우리 역시 바람과 같은 시련이 올 때 흔들리기도 하고 휘기도 한다. 원래 나무든 사람이든 조금씩 흔들리며 성장하는 법이다.

우리의 삶은 크고 작은 시련과 역경의 연속이라 해도 과언이 아니다. 살아간다는 것은 수많은 도전과 어려움을 끊임없이 극복해나가는 과정이다. 행복한 일도 있지만 그것보다 힘든 일, 슬픈 일, 어려운 일, 가슴 아픈 일이 더 많다. 하루하루 살아가면서 겪게 되는 인간관계에서의 사소한 갈등, 작은 실수 혹은 짜증스러운 일 같은 자잘한 어려움도 내가 극복해야 하는 시련 중 하나다. 이러한 역경을 통해서 내 자신도 성장할 수 있을 것이다.

군대 이야기를 하며 싸우는 사람들을 가끔 본다. 싸우는 이유는 '내가 더 고생했다'는 자랑 때문이다. 내가 군 생활했던 곳의 추위 정도, 훈련 강도, 열악한 근무환경, 고참이나 상급자의 기질 등을 가지고 주로 대립한다. 그들은 왜 고생했다는 자랑을 할까? 그것은 고생했다는 자랑이 아니고 그런 것들을 모두 이겨냈다는 자랑이다.

프랑스 소설가 발자크는 "참다운 열정은 꽃과 같아서 그것이 피어난 땅이 메마른 곳일수록 한층 더 아름답다."고 했다. 힘든 순간 다시 피워 낸 열정은 더 뜨겁고 더 아름다운 기적을 만들어 낼 것이라는 확신을 해 본다.

연말이 되면 상급 중대장급 이상 지휘관이 참석한 가운데 성과분석회의를 했다. 회의 후에는 중대장급 이상 부부동반 회식도 했다. 중대장 2년 차 연말성과분석 시 나는 23개 중대장 중 선봉중대로 선정되었고 10개의 부대 표창 중 5개를 내가 받았다. 상품으로 격려금, 돼지 한 마리, 운동기구 외에 특별히 부상으로 짚차 한 대까지 받았다. 전무후무한 파격적인 대우였다.

교통수단의 제한으로 출퇴근이 어렵던 시기에 자가용이 생긴 것이다. 연대장님이 차량 번호를 선봉 1호로 지어주었다. 다른 간부들은 5/4톤 트럭을 타고 출퇴근하는데 나는 출퇴근을 짚차로 했다. 내 차를 얻어 타려고 우리 대대 중대장들은 미리 나와서 뒷좌석에 앉아 있었다.

3단계 상급부대인 군단장(3성 장군)이 새로 부임했다. 그분은 위관장교의 전투 체력 향상을 위해 연 1회 10km 무장(배낭, 소총, 철모 착용) 구보 측정을 지시했다. 부대 소속 전원이 낙오자 없이 가장 빨리 지정된 장소에 도착한 부대는 상을 주고 저조 부대는 문책했다. 사단급(2성 장군)에서 주관이 되어 예하 부대를 측정하는데 부대별로 경쟁이 붙었다. 3개월간을 일주에 한 번씩 측정과 동일 방식으로 연습을 반복했다.

한여름에 구보훈련 중 눈물겨운 상황이 있었다. 8월의 폭염 상황에서 무장 구보 측정을 하는데 구보 코스 종점의 2km를 남겨두고 간부들이 거주하고 있는 아파트 앞을 지나가고 있었다. 그날은 훈련 일정이 공개되어 아파트 내 군인 가족들이 모두 길가에 나와서 구보 광경을 바라보았다. 그런데 인접 중대장 한 명이 탈진해서 동료들의 부축을 받으며 질질 끌려가고 있었다. 낙오하게 되면 부대측정 시 불이익을 받기 때문에 이를 방지하기 위해 동료들이 안간힘을 쓰고 있었던 것이다. 그런데 그 광경을 그의 부인이 목격하고 대성통곡을 했다. 눈물겨운 사건이었다. 그날 저녁 퇴근을 했는데 아내들이 저녁 식사를 진수성찬으로 준비해서 잘 먹었다고 이구동성으로 말을 했다.

## 〈참모장교 시절〉

어느덧 중대장 직위 36개월을 마치고 주요 보직인 연대 작전 장교로 발탁이 되었다. 그 자리는 진급이 보장된 직책이었다. 모두가 탐내는 직책이었지만 특별히 내가 추천된 것이다. 물론 고생도 많이 하는 직책이다. 그 직위에서 2년을 근무하고 나는 소령으로 진급했다. 20대의 대부분을 강원도 화천의 민간인 통제선 이북인 최전방에서 중대장 3년과 참모장교 2년을 근무하고 얻은 값진 선물이었다.

결혼하자마자 최전방까지 따라온 아내가 열악한 환경에서 아이를 키우느라 고생을 많이 했다. 마침내 전방 생활을 마치고 육군의 계획에 의해 꿈에 그리던 후방근무를 하게 되었다.

후방에서의 생활은 전방보다 긴장감이 적고 자유스러웠으나 생각만큼 만만치 않았다. 다음 계급으로 승진하려면 한해 한해 최선을 다해야 하기 때문이다.

직장인에게 승진은 힘들었던 지난 시간 모두를 보상해주는 특효약이다. 특히 계급사회인 군대에서 진급은 생명과도 같은 소중한 것이다. 필자는 30대의 10년 동안을 오직 승진만을 생각하며 하루하루를 보냈다. 왜냐면 정해진 기간 내에 진급을 못 하면 계급 정년에 걸려 퇴직을 해야 했기 때문이다. 아이들이 성장하면서 경제적 비용이 한창 증가하는 이때 퇴직은 불안 그 자체였다. 그러나 현 계급에서 한 단계 더 진급하게 되면 8년을 더 근무할 수 있어서 자녀들도 대학 졸업을 할 수 있고 안정된 가정을 꾸려나갈 수 있었다. 또 퇴직하더라도 30여 년간의 복무기간을 고려할 때 기본 생활이 가능한 연금을 받을 수 있어 어려운 상황은 면할 수 있었다.

30대 중반 인사부서에서 근무 중 있었던 일화 중 정신적으로 엄청난 스트레스를 받았던 경우가 있다. 상급기관에서 예하 기관에 공문으로 지시하여 OO에 파견할 인원을 최대한 모집해서 OO일까지 그 결과를 각 부대장이 직접 상급지휘관에게 대면 보고하라는 내용이었다. 그리고 보고 대상 기관이 많다 보니 시간관계상 5분 내외로 실적을 보고하라는 지시가 추가되었다.

업무보고일이 내일로 다가왔다. 지휘관은 실무자인 나에게 몇 명이나 모집했는지 문의했다. 각 부서에 확인한 결과 단 한 명도 지원하지 않아서 난감한 상황이었다. 모집 실적이 없다고 하자 지휘관이 난색을 하면서 원인을 분석해서 1쪽 자리 보고서를 빨리 만들어 보고하라 했다. 실적보고이기에 결과가 있어야 하는데 실적이 전혀 없는 상태라 어떻게 보고서를 작성해서 설득해야 할지 고민이 이만저만 아니었다. 1쪽 자리 보고서라 모든 내용이 망라된 핵심 정리가 필요한데 내 능력으로 한계가 왔다. 그나마 실적이라도 화려했으면 참고사항도 많을 텐데 그렇지 못하다 보니 변명거리만 머리 주변을 맴돌았다. 퇴근도 못 하고 계속 책상에 앉아 이리저리 고민하고 쓰고 지우는 것을 반복했다. 지휘관도 긴장이 되었던지 퇴근은 물론 식사까지 하지 않고 내 보고서만 기다리고 있었다. 본인이 직접 대면보고를 해야 하는 상황이었기 때문이다. 20시경 최초 보고를 했다. 지휘관은 보고서에 알맹이가 없다고 다시 보고하라고 했다. 22시가 되었다. 중간보고를 했다. 지휘관은 역시 맘에 들지 않는다며 작성 지침을 추가로 주며 내일 아침에 다시 보자며 퇴근했다. 나는 밤을 꼬박 세며 보고서에 몰두했으나 특별한 대안이 나오지 않았다.

아침이 되어 지휘관이 출근하자마자 보고서를 가져오라고 했다. 최종보고를 드렸더니 본인이 몇 글자를 수정하여 다시 가져오라고 했다. 이런 과정을 보고 직전까지 반복하다가 보고시간이 임박하여 보고서를 마무리했다. 실적 '0'을 보고하는 1쪽 자리 보고서를 날밤 세면서 12시간 동안 작성했던 기억은 지금까지 추억의 한 페이지로 남아 있다.

후방에서 7년을 근무하면서 최선을 다했지만 진급하지 못했다. 후방근무가 만기되어 육군의 계획에 의거 다시 전방으로 가게 되었다. 앞으로 1년 이내 진급을 못 하면 더 이상 진급 기회가 부여되지 않아 현 계급에서 군 생활은 끝나게 된다. 더욱이 새로운 부대로 전입하여 낯선 환경에서 자리를 잡고 진급을 한다는 것은 상상을 못 할 일이었다. 전방부대로 전입을 왔는데 주요 직책은 그 부대에서 진급을 바라는 사람들이 모두 꿰차고 있었다. 나는 하급부대의 한직에 보직을 받았다. 하지만 진급을 포기하지 않고 열심히 근무했다. 전방부대에 전입 와서 보니 부대 내에 동기들이 5명이 있었다. 그런데 4명은 이미 진급해서 지휘관을 하고 있었다.

전방으로 전입된 지 8개월이 되는 시점에 상급부대에서는 부대 내 진급 대상자의 서열을 정하여 육군본부에 보고하기 위해 심사했다. 부대 내에서 나는 전입된 지 얼마 되지 않아 진급권 범위의 밖으로 인식되었다. 그것은 지극히 당연한 결과이기에 불만도 없었다. 10월이 되자 계급별 진급발표가 시작되었다. 진급발표 당일 하루는 혹시나 하는 마음에 긴장감을 떨칠 수 없었다. 여기서 누락되면 다시는 진급 기회가 주어지지 않는 막차였기 때문이다. 전화벨이 울릴 때마다 머리가 쫑긋 섰다. 혹시 축하 전화가 아닌가 싶어서이다. 그런데 이 시기에 업무 전화만 걸려왔다. 상대방 입장을 전혀 고려하고 있지 않은 것이다. 아니 기대 자체를 하지 않아서였을까 하는 생각도 했다.

점심 식사시간이 임박했는데 내가 모시고 있는 부대 지휘관에게 전화가 왔다. 진급자 명단에 내 이름이 있다는 것이었다. 온몸에 전율이 왔다. 공중부양한 것 같은 느낌이 한동안 계속되었다. 여기저기서 축하 전화가 쇄도했다. 부대 내 주요 직위에 근무중인 진급 대상자들이 모두 탈락하고 유일하게 나만 진급이 된 것이다. 전혀 예상치 못한 결과가 눈앞에 벌어진 것이다. 나는 노심초사하고 있을 아내에게 기쁜 소식을 전했다. 아내 역시 기쁨을 감추지 못했다. 앞으로 전개될 군 생활의 기대감에 잠을 이룰 수 없었다. 진급과 동시 현 직책을 종료하고 지휘관으로 나갈 채비를 갖추었다.

통상 고통은 정신적인 것, 육체적인 것 중 어느 하나가 먼저 오면 이어서 다른 하나가 뒤따르게 된다는 사실을 깨달았다. 고통받지 않으려면 예방이 중요하지만 예고 없이 혹은 본인 의지와 상관없이 다가오기도 한다. 고통은 더 악화하기 전 어떤 방식으로든 치유하거나 극복을 해야 한다. 하지만 고통은 자신을 성장하게 하는 동력이고 행복을 견인하기도 한다. 행복은 그냥 오는 것이 아니다. 행복을 얻기 위해서는 그만큼의 고통을 감수해야 한다.

문득 철학자 김형석 교수의 "사랑이 있는 고통이 행복"이었다는 메시지가 생각난다. 그는 가난한 살림에 6남매를 키우느라 힘들었는데 사랑으로 극복할 수 있었다고 말하면서 잘 성장한 아이들을 보면 지금이 참 행복하다고 말했다.

## 〈첫 딸을 낳다〉

(이지영의 「글밥짓는 여자」 중에서)

출산 예정일이 하루 이틀 앞으로 다가왔다. 새벽 6시. 아기가 나오나 보다 싶어 자는 남편을 깨워 황급히 병원에 갔더니 양수가 터진 거라고 했다. 초산에다 양수 먼저 터졌으니 오래 걸릴 거라고 하면서 집에 갔다가 아침 먹고 천천히 다시 오라고 했다.

집에 돌아와 남편이 조심스럽게 뉘어준 대로 꼼짝 안 하고 눈만 껌뻑이며 천장을 바라보았다. 한 가지 설렘과 오만가지 두려움이 끝도 없이 밀려 들어왔다. 씻고 나오겠다던 남편은 욕실에 들어간 후 나올 기미가 없다. 우리 아기 입힐 옷이며, 소독된 젖병이나 침구 등 빠진 게 없는지 다시 한 번 확인해야 하고 몇 시쯤 다시 병원에 갈 것인지 상의도 해야 하는데 물소리만 계속 나고 있었다. 긴 시간이 지난 후 샤워를 마치고 나온 남편에게 울먹이며 화를 냈더니, 우리 아기 처음 만나는 날인데 아빠로서 잘 보이고 싶어 신경을 쓰느라 그랬다며 달래듯 말해줬다. 그러나 쉽지 않을 거라는 간호사의 말 때문인지 그도 매우 긴장했다. '서른두 살의 그도, 스물여섯의 나도 너무 어린 아빠고 엄마였다.' 태교할 때 예쁜 아기 사진을 붙여놓고, 이런 눈, 이런 코, 이런 입술을 가진 아주 예쁜 아기를 낳게 해달라고 기도했다.

그러나 분만실에 들어간 저는 "하나님~! 부처님~! 천지신명님! 부디!! 눈, 코, 입 제자리에 달려 있고 손가락 열 개, 발가락 열 개 붙어있는 성한 몸으로 태어나게 해주신다면 더는 소원이 없습니다."라고 계속해서 빌었다. 진통이 올 때마다 온몸을 뒤틀며 기를 쓰고 막아내려 했지만 되질 않았다. 점점 진통이 심해지자 '손가락 열 개, 발가락 열 개의 기도문'은 나오지 않았다. 영원히 끝날 것 같지 않던 몸부림의 시간이 지나고 밤 10시 30분경이 되어서야 드디어 어린 생명의 울음소리를 들을 수 있었다. 12시간의 진통으로 땀이 범벅되어 온몸이 눅진해진 나는 있는 힘을 모아 아기 소리가 나는 쪽으로 고개를 돌려 보았다. 이제 막 태어난 어린 생명이 보였다. '아직 여물지도 않은 내가 어떻게 저렇게 고귀한 생명을…, 어떻게 저렇게 작고 어린 생명이….' 나는 그 방에서 일어난 모든 일이 말할 수 없이 벅차고 경이로웠으며, 저 생명을 위해서라면 못 할 일이 없겠다고 생각되었다. 그 순간 고통 속에서 놓쳐버린 '손가락 열 개, 발가락 열 개의 기도문'이 생각나 퍼뜩 정신이 들었다. 걱정스러움으로 간신히 입을 옴짝거려 손가락이 몇 개냐고 물었다. 모깃소리만 한 웅얼거림을 어떻게 들었는지 아빠가 된 그가 대답했다. 손가락 열 개, 발가락 열 개 다 달려 있으니 걱정하지 말라고, 아기가 아주 예쁘다고, 고생했다고…. 어쩌면 가장 위대한 기도는 가장 낮은 기도일지도 모르겠다.

### 〈취직과 직장생활〉

(박인숙 자서전 중에서)

카피라이터가 꿈이었던 나는 대학을 졸업 후 꿈의 직장이었던 J기획사에 입사시험을 봤으나 낙방했다, 그 시기 신문방송학과를 졸업한 동갑내기 사촌은 그 기획사에 합격했다. 어릴 적부터 은근히 경쟁자였던 그는 대학도 나보다 더 나은 곳에 들어갔고, 직장도 보란 듯이 나를 앞장서 들어갔다. 취업시즌이어서 나는 비슷한 시기에 그 기획사와 같은 계열사이며 담 하나 사이로 나란히 있는 OO신문사에 입사하게 되었다. 더 짜증이 났던 것은, 학교도 같은 방향이어서 전철이나 버스를 탈 때 자주 만났고, 직장도 같은 곳이어서 아침마다 자주 마주쳤다. 가진 자의 겸손이랄까? 가지지 못한 자의 자존심이랄까? 그나마 다행인 건 그 사촌의 잘난 척하지 않는 배려였다. 소공로에 있는 직장 근처에 다다르면 내가 아침을 못 먹고 왔을 것을 눈치채고 토스트와 커피를 사주었다. 내심 나는 '네가 잘났으니 네가 사는 건 당연해!'를 외치며 한입 넣고 난 다음에야 언짢은 기분이 풀리곤 했다. 지금 생각해보면 아무것도 아닌 것에 왜 그렇게 꼬였던지, 오히려 고마운 입장인데 고맙다는 인사 한 마디도 안 하고 오히려 더 당당했던 내가 지금 생각하니 한없이 우습게 여겨진다.

잘 나가는 그 기획사보다는 덜했지만 나도 신문사에 치열한 경쟁을 뚫고 입사했다. 내심 앞으로 열심히 노력하여 사촌의 입지보다 더 빛나보리라는 각오가 남달랐었다. 나 혼자만의 눈은 빛났으나 짱짱하고 깐깐한 남자 기자들 앞에서 매번 혼나고, 기죽고, 말 한마디도 제대로 못 해보던 시절이었다. 더구나 남녀 차별이 존재하던 때라 내가 이 회사에 커피 심부름, 카피 심부름을 하러 들어왔나 할 정도로 수습 기간 내내 일상이 허망하고 버거웠다. 그래도 수습을 잘 마치고 드디어 본격적인 편집실 분위기에 적응

되었다. 일의 재미를 막 느끼던 즈음에 남자친구(지금의 남편)가 갑작스럽게 프로포즈를 했고, 당장 결혼을 하자는 것이었다. 구체적인 계획까지 짜들고 와서 치밀하게 유혹하는 것이었다. 당시의 신문사 분위기는 각종 아이디어 회의 시에도 남자들 위주로 발언권이 주어졌고 업무능력 발휘도 남자들이 선두를 유지했다. 막 수습을 떼었던 차라 까마득해 보이는 그 산을 넘기보다 남친의 결혼 유혹이 훨씬 더 달콤했다. 더구나 술 한잔을 마시고는 '나랑 결혼할래? 드센 남자 기자들 틈에서 힘없는 여기자로 살래?' 그 말이 어찌나 당당하고 멋있었던지 오랜 고민도 없이 홀딱 반해버려 어렵게 들어간 신문사를 미련 없이 그만두고 결혼을 선택했다.

한편 그 사촌은 나의 퇴사 소식을 듣고 매일 아침 돈이 굳었다고 웃어넘겼고, 그 후로 오랫동안 J기획사에서 신문사 전면광고를 펼칠 만큼 기획팀장으로 승진하는 등 승승장구했다. 하지만 영원한 것은 없나 보다. 주식투자에 큰 손해를 보고 회사를 그만두었다는 소식을 들었다, 그 후 사촌을 만났는데 가정불화로 인해 머리도 반쯤 빠져 있었다. 그 당시 몸과 맘이 적당히 통통해진 나의 무게를 감지한 듯 지그시 눈을 감으며 건네던 말이 아직도 생생하다. "사촌아, 인생 거기서 거기야. 오늘 보니 나보다 네가 더 잘 산 것 같다."라고 했던 말. 좌심술 우변덕을 부리며 따뜻한 능력자였던 그 사촌을 괴롭혔던 난, 그날 그렇게 마음이 착잡할 수가 없었다. 어느 고깃집 간판에 써 있던 말처럼 '인생 고기서 고기', 인생 참 거기서 거기인 것 같다.

결혼 후 남편과 나의 약속은 아이들의 정서가 자리 잡는 어린 시기에는 일보다 육아에 집중하자는 것이었다. 남편은 일과를 마치자마자 퇴근해서 집안일이며 아이들 목욕까지 같이 해주었다. 그래서 조금의 여유를 찾을 수 있었던 나는 틈틈이 프리랜서로 원하는 일도 하게 되었다. 육체적으로는 힘들었지만 자신의 존재를 잊지 않고 지낼 수 있는 시간이었다. 아이들이 어린이집과 유치원을 다닐 때는 불편함없이 부모 노릇을 할 수 있었고, 초등학교에 들어가서 고학년이 될 즈음 나는 고정적으로 일할 수 있는 직장에 들어가게 되었다. 남편도 나도 집안일과 아이들 교육, 사회생활을 동시에 하는 것에 익숙치 않아 사방에서 펑크가 나듯이 불쑥불쑥 일이 터지기 시작했다. 그때마다 지혜로움보다는 현실적인 것들이 더 우선시되다 보니 없던 다툼이 시작되었고, 서로 불평불만이 드러나기도 했다. 남편은 운전을 못하는 나를 위해 2년 내내 출퇴근을 시켜주다가 스스로 지쳤는지 나에게 새 차를 뽑아주었다. 그러던 즈음에 서로에게, 서로의 일에 이해와 존중을 다시 배우며 더불어 성장하게 되었고 우리 가족 모두는 서서히 자리를 잡게 되었다.

그 당시 내가 했던 일은 공공기관에서는 처음으로 전화로 업무 제공서비스를 하는 곳이었고, 공단 내 서울, 부산, 대전, 광주, 대구 등 다섯 개 지역 중 우리가 있는 곳에서 시범 오픈을 하게 되었다. 난 그곳에서 아웃소싱 총괄 매니저를 맡았다. 시범 사업을 성공리에 마치면서 우리는 선발대가 되어 드림팀을 구성 후 전국에 있는 지소를 도왔다. 당시에는 내면에 숨어 있었던 일에 대한 수많은 아이디어가 샘솟았고, 프로젝트를 맡아 할 때마다 직원들의 협력과 소통이 잘되었다. 우리 부서는 '아이디어 메카'라는 언론 보도를 타면서 10여 년 동안 전국 1등을 놓치지 않았다. 연일 타 공공기관에서 벤치마킹을 위해 왔고, 그 결과가 좋은 성과로 이어지면서 공단 내 1천여 명의 아웃소싱 직원 중 최초로 복지부 장관상을 타게 되었다. 전화업무서비스를 하는 총괄 매니저의 생명은 업무 특성상 보통 단기간으로 일했지만, 나는 운이 좋게도 갑인 공단의 러브콜을 계속 받으며 12년 동안 연속적으로 할 수 있었다.

누가 나에게 '당신의 인생 중 가장 뜨거운 시간이 언제였냐'고, '누군가에게 정말 가슴이 뜨거워 본 적이 있었냐'고 묻는다면, 나는 1초도 망설임 없이 대답할 것이다. 내 인생의 가장 핫한 그 시기, 물불 가리지 않으며 헤쳐나가는 불굴의 의지도 좋았던 그 시기, 사람과 사람의 관계 속에서 빛났던 그 시절, 바로 나의 30대라고….

## 40대~50대 : 열매와 성숙의 시기

마흔이라는 나이는 인생의 한 가운데에서 지나온 시간을 되돌아보며 미래를 준비해야 하는 가장 중요한 시기입니다. 공자는 40세를 불혹이라 했습니다. 이는 어떤 유혹에도 흔들리지 않고 평상심을 유지할 수 있다는 것입니다.

50세인 지천명의 나이에 접어들면 흔히 사람들은 옛일을 이야기할 때 '산전, 수전. 공중전'을 다 겪었다며 굴곡진 삶을 이야기하곤 합니다. 직장과 일터에서 중심적인 역할을 하면서 경험했던 보람과 애환, 승진, 과제, 상하 동료와의 관계, 일과 가정의 양립에서 오는 갈등, 삶의 성찰 등이 나타나기도 합니다.

자녀들을 양육하면서 성장 단계별 느꼈던 애정이 많지만 갈등도 많이 겪게 됩니다. 특히 사춘기의 자녀들을 키우면서 오는 갈등은 자칫 상처가 되기도 합니다. 자녀의 고민이나 자녀와의 갈등이 발생했을 때 효과적으로 대응했던 부분이나 아쉬웠던 부분을 생각해보세요.

자녀의 짝을 소개받았을 때의 느낌, 상견례, 결혼 준비, 예식, 신혼여행, 신혼살림에 관한 것들도 좋은 글감이 될 수 있습니다. 누구나 겪는 일이기에 공감도도 큽니다. 혹시 자녀가 미혼인 경우는 자녀의 결혼계획을 적어보는 것도 의미가 있습니다. 인생 2막을 준비하면서 중요하고 필요한 것들을 생각해보고 우선순위를 정하는 일도 좋습니다.

### 질문

- 직장과 일터에서 변화된 나의 위치와 역할은 무엇인가요?
- 직장 내에서 리더십을 발휘하여 타의 귀감이 된 사례는 무엇인가요?
- 직장에서 승진, 연봉, 각종 혜택에 대한 만족과 불만족 요인은 무엇인가요?

- 일과 삶에 대한 적절한 균형은(워라밸) 무엇인가요?
- 자녀들에게 바랐던 부분들과 만족도는 무엇인가요?
- 자녀가 사랑스럽게 느껴질 때는 언제인가요?
- 자녀의 진로를 돕기 위해 도움을 준 부분은 무엇인가요?
- 자녀가 성장하면서 가장 관심을 가졌던 부분은 무엇인가요?
- 자신이나 자녀들이 아팠던 경험과 극복한 사례는 무엇인가요?
- 자녀들은 나에게 어떤 의미를 주는가요?
- 자녀들과 공통적인 관심사는 무엇인가요?
- 자녀들과 나만의 소통 방법은 무엇인가요?
- 자녀들과 갈등이 발생 시 어려움은 무엇이고 어떻게 극복하였나요?
- 자녀들과 함께했던 일, 해보고 싶은 일, 하지 못해 아쉬웠던 일은 무엇인가요?
- 자녀들에게 꼭 해주고 싶은 이야기는 무엇인가요?
- 자녀의 결혼 상대자를 처음 만났을 때 어떤 느낌이었나요?
- 자녀의 결혼 준비과정에서 애환이나 에피소드는 무엇인가요?
- 자녀 결혼 시 양가의 갈등이나 희망 사항은?
- 사돈과 상견례 자리에서의 추억은?
- 자녀 결혼식 당일 예식장에서 나의 감정은 어떠했나요?
- 예식장에서의 이모저모?
- 자녀의 신혼 시절 나와의 관계는 어떠했나요?
- 내 삶의 우선순위를 5가지 이상 적고 그 이유를 말해보세요.
- 나보다 가족을 먼저 생각했던 시기는 언제인가요?
- 물질적인 것과 정신적인 것 중 어디에 비중을 더 두고 있나요?

### 〈나를 기획 능력자로 만들어 준 사건〉

40대에 이르자 나 스스로가 직장에서 문서작성에 대해 자신감이 생겼다. 수평적 리더십 표본인 실무형 상급자와 근무를 한 적이 있다. 그분은 부하직원에게 보고서 작성을 지시할 때 보고서의 뼈대를 직접 잡아주셨다. 내가 거기에 살만 붙이면 될 수 있도록 배려를 해주셨다. 일하기도 쉽고 시간도 절약될 뿐만 아니라 보고서 작성 기술의 전수 효과도 컸다. 그 당시 내가 상급부서에 보고할 1쪽 분량의 조사보고서를 작성하여 검토를 받으러 집무실에 들어간 적이 있다. 이때 그분의 피드백이 지금까지 기억에 남아 있고 내가 직장 생활을 하는 데 큰 교훈이 되었다. 보고서를 본 상급자는 "아주 고생이 많았네! 내가 자네 같은 직급에 있었을 때는 이렇게 좋은 보고서를 작성하지 못했네. 정말 훌륭해!" 칭찬을 듣는 순간 필자는 그동안의 노고와 보람이 교차하면서 카타르시스를 느꼈다. 그런데 반전이 일어났다. 상관은 연필을 꺼내 들더니 필자가 작성한 내용을 한두 줄씩 그어 없애면서 그 옆에 몇 자씩 적기 시작했다. 마지막까지 정리가 끝나고 나니 필자가 작성한 1쪽의 보고서가 반으로 요약이 되어 있었다. 단어와 어휘의 중복을 피하면서 간결하게 문맥을 정리해 주었다. 필자가 그 내용을 자세히 들여다보니 놀랍게도 그 안에는 필자가 쓴 1쪽 내용 전부가 망라되어 있었다. 기분이 묘했다. 그런데 분명한 것은 그분의 선한 눈빛을 통해 전달된 긍정적 피드백 때문에 전혀 기분 나쁘지 않았다. 그것을 계기로 나는 문장 표현법에 대해 관심을 갖게 되었고 기획력도 급속도로 향상되었다. 이런 것들이 기반이 되었는지 몰라도 훗날 사회교육 강사를 하면서 20시간용 기획력 향상 프로그램을 손수 만들어 공무원을 대상으로 역량개발 강의를 했고, 자기개발서도 출판했다.

### 〈새로운 인생 설계〉

전투부대 근무를 마치고 45세에 정책부서인 교육사령부로 전입됐다. 이곳에서 2년간 근무를 하면서 진급을 해야 했다. 이 시기에 진급을 못 하면 현 계급에서 종료되고 53세가 되면 계급 정년이 되어 퇴직해야 했다.

2년 동안 실무 직위에서 오직 진급만을 위해 하루하루를 불태웠다. 진급 대상 연도의 마지막 해가 되자 기대감, 초조감, 긴장감이 동시에 엄습했다. 연말이 되자 진급 발표일이 결정되었다. 발표 당일 숨을 죽이며 순간을 기다렸다. 진급자 명단에 내가 없었다. 선발이 되지 못한 것을 직감하는 순간, 깜짝 놀라며 나도 모르게 자조 섞인 소리를 냈다 '떨어졌네!' 47세 말, 진급 기회가 완전히 사라진 것이다. 지난 25년의 군 생활이 파노라마처럼 머릿속을 스쳐 지나갔다. 이젠 남은 군 생활이 6년 정도 된다. 직업군인으로서 더 이상의 진급 기회는 없다. 최종 목표가 생명을 다한 것이다. 그렇다면 어떤 모습으로 남은 군 생활을 할 것인가? 새로운 인생 설계가 요구되었다.

이젠 진급을 위해 마음 졸이지 않아도 된다. 좀 여유 있고, 스트레스받지 않고, 가정에 충실하면서 살 수 있는 여건이 되었다는 긍정적인 생각을 하며 살기로 했다.

김교복 시인의 〈호박으로부터 배운다〉라는 시가 생각났다.

생각 없이 가는 길이
얼마나 무서운가를
호박넝쿨로부터 배운다.
쉬운 길 간다고
전봇대 전선줄 잡고
올라간 호박 넝쿨
반달만큼 큰 호박 하나 달고
지금 떨고 있네
바람이 불까?
소낙비 내릴까?

이 시는 나에게 '속도보다는 방향이 최선'이라는 교훈을 심어주었다. 호박이 성장하는 좋은 봄날에 어떻게든 빨리 가보겠다고 전봇대를 선점한 호박이 가을이 다가와 뒤를 돌아보니 스스로가 얼마나 잘못 간 길인지를 잘 표현하고 있다.

봄이 되면 근처 전봇대를 선점한 호박순은 다른 애들보다 빨리 승승장구한다. 다른 애들이 땅바닥을 기면서 아옹다옹할 때 이 애들은 하늘을 오르듯 솟아오른다. 거침없이 솟아오르던 운이 좋은 녀석은 전봇대 꼭대기에 오르고 나서는 잠시 멈칫한다. 더 이상 오를 곳이 없기 때문이다. 어쩔 수 없이 이제는 전신주에 달린 전선줄을 타고 수평이동을 한다. 그런데 이상한 일이 벌어진다. 전봇대를 선점한 덕택에 누구보다 잘 자랄 수 있었지만 그 때문에 커진 호박들이 전선 줄에 대롱대롱 매달리는 위험한 일이 벌어졌다. 그리고 얼마 후 이 호박들은 자신의 무게를 지탱하지 못하고 툭 떨어져서 산산조각이 나고 만다. 그러나 땅 위를 기던 호박들은 하나같이 큼직하고 탐스러운 호박들을 든든한 땅 위에 만들어 내고 있다. 우리는 살면서 남다른 배경 있으면 누구보다 더 빨리 달릴 수 있고 하늘 높이 오를 수 있다. 하지만 속도가 아니라 방향이 먼저이다. 아무리 빨리 달려도 엉뚱한 곳으로 달린다면 궁극적인 인생 목표와는 점점 멀어지게 된다. 진급만을 위해 숨가쁘게 달려온 시간들…. 이제부터라도 잠시 멈춰서 올바른 방향으로 가고 있는지 점검해야 한다.

우리는 살면서 줄을 잘 잡아야 출세한다는 말을 종종 듣는다. 선거가 되면 줄을 어디에 대느냐에 따라 인생의 향배가 엇갈리는 경우도 있다. 줄로 인해 순간적으로 신분이 바뀌어 출세하는 사람도 있지만 줄을 잘못 잡아 한순간에 많은 것들을 잃기도 한다. 이러한 굴곡진 세상에 잠시 멈춰서 내 자신을 생각해 보았다.

전역을 하려면 5년 정도가 남았다. 전역 후 무엇을 할 것인가 그림을 그려야 할 시기였다. 나는 전역 후 더 멋지고 빛나는 삶을 살아야겠다는 생각을 했다. 자유스럽고, 기본 수익도 되고, 한 단계 격상된 신분도 유지해야겠다고 생각했다. 지식산업 현장에서 꿈을 키우고 싶은 생각이 스멀스멀 마음에 자리 잡고 있었다. 역량개발이 필요했다. 우선은 학력의 업그레이드가 요구되었다. 경희대학교 경영대학원에 입학했다. 2년간 열심히 공부해서 장학금을 받으며 수학했고 우수한 성적으로 졸업했다. 전역을 하려면 2년이 남았다. 여기서 멈출 수 없다는 생각을 했다. 나는 충남대학교 대학원에 군사학 박사과정을 응시해서 합격했다. 학위를 취득하면 대학에서 강의해야겠다는 생각을 했다. 박사과정 수업은 주제 연구 및 발표가 많았지만 재미있었다.

2년의 학위과정이 끝날 무렵 전역하게 되었다. 전역 전 2주간의 직업보도교육이 있었고 1년 동안 직업보도 기간을 가졌다. 이 기간은 지식산업현장에 뛰어들기 위해 서울과 대전 등지에서 전문강사양성과정을 장기간 학습하면서 전문강사 자격증을 취득했다. 그리고 여기저기 리더십 강사로 투입되었다. 이 와중에 박사과정을 수료했다. 그런데 사회교육현장에 집중하다 보니 학위논문에 집중할 수 없었다. 하지만 사회교육 강사로 정착되면 학위논문을 쓰겠다는 생각을 했고 그런 생각은 몇 년간 계속되었다. 자연스럽게 박사학위과정은 점점 멀어져 갔다. 하지만 사회교육 분야에서는 점점 경력이 확장되었고 프리랜서로 위치도 확고해지면서 지식산업현장에서의 활동도 무리 없이 진행되었다. 요즘은 개인 사무실과 비영리단체도 운영하면서 즐겁고 의미 있고 품격 있는 굿 라이프를 영위하고 있다.

## 〈위기를 기회로 삼은 사건〉

OO학교에서 국방사업관리에 관한 교관 임무를 수행 중 있었던 일이다. 방위사업청이 개청되자 학교에 근무하는 주요 직위자들에게 그 기관을 소개하라는 임무가 떨어졌다. 아침 상황보고시간을 이용하여 30분간 프레젠테이션을 진행해야 했다. 나는 파워포인트를 이용하여 그 기관의 조직과 역할, 기능별 업무, 사업관리 규정, 중기계획, 예산의 집행 등을 핵심적으로 정리했다. 부분적으로 사진과 동영상도 첨부했다. 슬라이드 작성이 끝나자 나름대로 브리핑 시나리오를 작성해서 연습을 반복했다.

당일 아침 나는 보고 30분 전 회의실에 도착해서 노트북 세팅을 완료하고 다시 한번 보고 내용을 확인했다. 시간이 되자 20여 명이 되는 참석자들이 모두 자리를 메웠다. VIP 5명은 맨 앞자리에 별도 테이블이 준비되어 있었고 물컵이 하나씩 배치되어 있었다. 나머지 인원들은 모두 극장식 의자에 착석했다. 이런 경험이 처음이라 긴장감이 몰려 왔다. 보고가 시작되고 3분 정도 지났는데 입이 바짝 마르고 혀가 입천장에 달라붙어 발음이 꼬이기 시작했다. 참석들도 나의 이런 모습에 당황하는 듯 보였다. 더 이상 진행이 곤란했다. 물 한 모금이 간절했다. 나는 상황이 워낙 급해서 VIP 탁자에 있는 물을 마셔야겠다고 생각했다. 그리고 "죄송합니다. 물 좀 마시겠습니다." 하고 물을 가져다 조금씩 마시면서 30분간의 프레젠테이션을 마쳤다. 어떻게 마무리했는지 머릿속이 하얄 뿐이었다. 이런 무대 공포증은 처음이었고 유사 상황에서 트라

우마로 작용되었다.

전역 후 리더십 강사로 활동을 했는데 어느 날 모 기관에서 강사 능력 점검을 위한 10분간의 프레젠테이션을 해야 했다. 짧은 발표여서 부담이 많지 않았다. 하지만 지난날 발표 때 황당한 사건이 있었기에 나름대로 발표 준비를 철저히 했다. 여러 명이 순번을 정하여 발표하는데 나의 순서가 되었다. 나는 발표장에 들어가기 직전 물을 한 컵 마시고 입장했다. 발표를 5분 정도 했는데 또 지난번과 같은 증상이 몰려 왔다. 남은 시간이 얼마 되지 않아서 꾹꾹 참으면서 어렵게 발표를 마쳤다.

이후 나는 나의 트라우마를 어떡해서든지 극복해야겠다고 다짐했다. 왜냐면 사회교육 강사를 하려면 이런 문제를 안고 가서는 안 되기 때문이었다. 먼저 무대 공포증이 왜 오는지, 어떻게 대처해야 하는지 확인했다. 무대 공포증은 유사한 상황이라도 사람들마다 각각 다른 모습으로 나타난다는 사실을 알았다. 따라서 대처 방법도 각각 달랐다. 증상을 보면 나처럼 입이 마르는 사람, 다리가 후들후들 떨리는 사람, 가슴이 두근거리는 사람, 머릿속이 하얘져서 아무것도 생각이 안 나는 사람 등이 있다. 나의 증상은 입안에 침이 잘 나게 하는 처치를 하면 극한 상황은 방지할 수 있었다. 그러나 무엇보다 중요한 것은 발표 전에 부정상상을 하지 말고 긍정상상을 반복해야 한다는 사실도 알았다. '발표하다 틀리면 어떡하지? 부정 평가를 받으면 어쩌지? 사람들이 흉을 보면 어떡하지?' 등등 부정상상은 발표 현장에서 그대로 출현된다는 사실도 알게 되었다. 즉 파블로프의 '자극과 반응 이론'으로 설명이 가능하다. 즉 자극(발표 상황)－부정상상·반응(후들후들) 과정이다.

나는 리더십 강사를 하면서 시민대학에서 스피치 강의를 5년 동안 진행했고 프레젠테이션 컨설팅도 병행하고 있다. 과거의 불행했던 사건을 극복하기 위해 노력했던 부분들이 하나의 역량이 된 것이다. 스피치 현장에서 생생한 경험을 바탕으로 현장감 있게 지도하다 보니 좋은 성과로 나타난 것이다. 위기를 기회로 삼은 좋은 사례다.

### 〈내 인생의 결정적인 선택〉

내 인생의 전반전을 들여다보면 50세가 될 때까지 많은 선택과 결정을 요구받으면 살아왔다. 그런데 당면한 문제들을 스스로 선택해야 하고 결정해서 추진했던 것들은 그리 많지 않았다. 다만 순간순간 주어진 틀 안에서 책임과 의무를 성실히 수행하며 살았던 기억들로 가득했다. 그래서 그런지 내 인생의 전반전은 무언가 아쉽고 허전함을 떨쳐 버릴 수 없었다.

퇴직을 1년 남겨두고 전직 준비를 했다. 함께 퇴직하는 동기들 대부분이 이 기간에 새로운 직업을 갖기 위해 역량개발에 집중했다. 이 시기에 내가 근무하는 부서 선배 한 분의 정년퇴직 시기와 일치했다. 그 직책은 퇴직자를 대상으로 선발하는 교수요원 직위였다. 나에게는 절호의 기회였다. 보수도 현재와 같은 수준이었고 어려운 일도 아니었다. 주최 측에서 나에게 5년 계약직 근무의향을 물었다. 아내는 5년간 더 근무할 수 있게 되어 기쁘다고 하면서 안정된 삶을 원했다. 향후 5년간을 안정되게 사느냐, 아니면 새로운 인생을 위해 도전하느냐 선택의 귀로에 서게 되었다.

인생의 전반전은 스스로 선택할 수 있는 것들이 많지 않아 머슴처럼 살았기에 후반전은 내 인생을 스스로 선택해서 주인처럼 살고 싶었다. 나는 그 자리에 가지 않겠다고 전했다. 인생의 전반전은 조직에서 봉급을 타 먹고 살았으니 이제부터는 스스로가 다른 사람에게 일자리도 만들어 주고, 내가 하고 싶은 일을 하면서 자유롭게 인생 2막을 설계하고 싶었다. 그래서 재취업을 하지 않고 평소 꿈꾸던 지식산업 현장에서 프리랜서로 사회교육 강사의 꿈을 걷기로 했다.

내가 하고 싶은 분야는 리더십 역량개발 분야로서 교육콘텐츠를 개발하고 프로그램으로 엮어서 수요처에 사업을 제안하는 활동이었다. 이는 물적 자본이 없어도 할 수 있는 일이고, 여러 명이 함께 할 수 있는 일이고, 개인과 조직을 변화시킬 수 있는 일이어서 가치가 있는 일이라고 생각했기 때문이다.

나는 강사가 되기 위한 교육과정을 신청해서 1년 동안 꾸준히 역량을 개발했다. 그런데 이 시장도 만만치 않았다. 생각보다 강의기회가 많지 않았다. 연금 외에 별다른 수입이 없었기에 가정을 꾸려나가는 데도 영향을 주었다.

하지만 나 스스로는 열정이 대단했고 즐겁기까지 했다. 주변의 동기들은 모두 취직을 준비해서 재취업을 했다. 나는 지식산업서비스 분야에 전문강사로 진입했다. 1년 동안은 수입이 없었으나 다음 해부터 수입이 조금씩 발생하기 시작했다. 그런데 취직을 한 주변의 동기들보다는 수입이 적었고 안정적이지 못했다. 그러던 찰나에 옛날 근무처에서 7년 계약직 비상근 근무 요원 모집 요강이 있었다. 나는 그곳에 응시하여 합격했고 고정적인 봉급을 받으면서 Two job이 시작되었다. 두 마리 토끼를 모두 잡은 셈이다. 지금은 계약된 7년의 근무 기간이 종료되어 가정도 안정되고 완전한 자유인으로서 프리랜서의 기쁨을 만끽하고 있다. 그리고 인생 2막을 위한 나의 선택이 정말 멋졌다는 생각을 하고 있고 일상의 모든 것들에 감사의 마음으로 생활하고 있다.

퇴직 직전 안정이냐, 도전이냐 선택의 갈림길에서 '도전'을 선택한 나의 결정이 지금은 참으로 옳았다는 생각을 하고 있다. 생활도 안정되고, 일도 즐겁고, 좋은 사람들과 교제도 하고, 일과시간도 자유스럽게 조정할 수 있다. 그러나 무엇보다도 다행스러운 것은 후반전의 내 인생을 머슴이 아닌 주인으로 살고 있다는 것이다.

우리는 태어나서 죽을 때까지 끊임없이 선택과 결정을 요구받고 있다. 그리고 그 선택에 따라 우리의 삶과 미래는 결정된다. 그러나 자원의 한계 때문에 원하는 모든 것을 취할 수는 없다. 따라서 한 번 선택한 것은 차별화와 집중화를 통해서 극복해야 한다. 뜻을 같이하는 사람들이 모여서 지식을 통합하고 새로운 것을 창조할 때 시너지는 더욱 커지고 함께 성공할 수 있기 때문이다.

## 〈내 집을 마련하다〉

45세가 되는 해 수도권에서 3년여간 근무를 마치고 대전으로 전출 오는 날이었다. 아내와 승용차를 타고 서울을 빠져나오는데 문득 아내가 입을 열었다. “왜 우리는 집이 없어?”, “글쎄? 지금까지 군에서 제공하는 관사에 살다 보니 집을 사야겠다는 필요성을 많이 느끼지 못한 것 아닐까?” 이렇게 말은 했지만 사실 집을 살 수 있는 경제적 여건이 되지 않았다. 그 당시 아내의 실망스러운 눈빛을 지금도 잊을 수 없다. 무주택으로 생활은 그 이후에도 8년간이 계속되었다. 왜냐면 부임지의 관사가 28평 아파트로 지금까지 살면서 가장 좋은 환경이었기 때문이다.

동료 직원들을 보면 아이들 학업 문제로 서울에 전세를 얻거나 부담이 들더라도 대출을 내어 집을 구매한 사람도 있었다. 그런 가정들은 주말 부부 생활을 했다. 그런데 나는 가족들 모두를 데리고 전후방 각지를 돌아다니며 근무했다. 53세가 되자 정년이 되어 군에서 제공한 관사를 나와야 했다. 이젠 어쩔 수 없이 집을 사야 하는 상황이 왔다. 집을 사려면 얼마의 돈이 필요하고 가용 금액은 얼마나 되는지 들여다보았다. 30여 년간 군인공제회에 조금씩 저축해 놓은 돈과 퇴직 수당이 전부였다. 당시에는 주변에 미분양이 많아서 굳이 분양을 받지 않아도 가능했고 집값도 가용 금액으로 구매 가능했다. 빚을 내지 않아도 될 상황이어서 다행이었다. 어느 날 아내가 독단적으로 아파트를 계약하고 왔다. 현장에 가서 보니 34평이지만 확장형이어서 40여 평 정도 되었다.

28평의 관사에서 살다가 40여 평을 보니 아주 넓은 공간처럼 느껴졌다. 군 생활 중 15회의 이사를 했다. 퇴직 1개월을 앞두고 이제 마지막 이사구나 생각하며 새집으로 이사를 했다. 아이들도 새집을 보더니 무척 좋아했다.

다른 동료들은 오래전 수도권에 아파트를 분양받아서 경제적 이득도 많이 보았고 수도권에 거주할 수 있었다. 하지만 나는 평소 경제 관념이 부족했는지 현역 시절 그런 생각을 하지 못했다. 여러 여건상 대전지역에 정착했지만 후회하지 않는다. 평생을 빚을 져 본 적이 없고 돈 때문에 고민해 본 적이 없기에 잘 살지 않았나 생각한다.

요즘은 집 주변으로 호수공원, 숲, 학교, 행정 기반시설이 구축되어 생활하기에 안성맞춤이다. 살기 좋은 신도시가 된 것이다. 아내가 이곳에 집을 장만한 것에 대해 항상 고마운 마음이다.

### 〈상대의 역린을 건드리지 마라〉

내가 읽은 책 중에서 가장 감명 깊게 읽은 책은 한비자(12편, 세난)이다. 내 인생의 지침서가 되었던 책이기도 하다. 이 책에는 '상대의 역린을 건드리면 죽임을 당한다'는 구절이 있다. 이 말은 옛날 중국 춘추전국시대에 군주를 설득해야 하는 어려움에 대해 말하고 있는 책이다.

역린의 '역(逆)'은 거꾸로라는 뜻이고, '린(鱗)'은 비늘을 뜻한다. 즉 비늘이 거꾸로 박혀 있음을 의미한다. 용(龍)의 몸은 형형색색

수만 개의 비늘이 한쪽 방향으로 나란히 덮여 있다. 그런데 유독 한 부분에만 거꾸로 박힌 비늘이 하나 있었다. 용에게는 그 상황이 매우 부끄럽고 감추고 싶은 것이었다. 요즘으로 말하면 '치명적인 콤플렉스'라고 말할 수 있다.

용이란 원래 순한 동물이라서 길을 잘 들이면 사람이 용의 등을 타고 놀 수 있다. 하지만 목 근처의 역린을 건드리면 절대로 안 된다. 용에게 역린은 수치스러운 것이어서 이를 건드리면 온순한 용도 사람을 물어 죽이기 때문이다. 군주에게도 이런 역린이 있으니 절대로 이 역린을 건드리지 말라는 고사이다. 소신껏 말한다고 군주의 역린을 건드리면 그 자리에서 죽임을 당할 수 있다.

사람들도 누구나 여러 모양의 역린을 갖고 있다. 예를 들어 자식 이야기가 나오면 고개를 숙이는 사람에게 자기 자식을 자랑한다는 것은 상대방의 역린을 건드릴 수 있다. 상대방의 역린을 건드리면 화를 당할 수 있음을 알아야 한다. 아무리 친한 관계라도 자신이 생각하는 치명적인 약점이나 아픈 상처를 건드리게 되면 수치심, 분노 등을 느낀다. 이것만큼은 남들이 알지 않았으면 하는 것들이 있는데 이런 바람과는 달리 세상은 그렇게 너그럽지 않다. 많은 사람들이 타인의 역린을 서슴지 않고 거스르기 때문이다. 단순한 호기심이라기보다는, 자극을 주고 그 반응을 살피는 재미라고 하면 표현이 좋을 것 같다. 텔레비전의 연예프로그램 중에 간혹 상대의 약점을 희화시키거나 알리고 싶지 않은 것들을 들추어내면서 시청자들의 관심을 끌려고 하는 경우처럼 말이다.

사람들은 모두 약점을 가지고 산다. 그 약점은 모두가 잘 알고 있는 것일 수도 있고 자신만이 알고 있는 것일 수도 있다. 어떤 사람들은 타인에 대해 이야기할 때 그의 역린을 화제에 올리며 쾌감을 느낀다. 좌중 역시 그런 이야기를 즐거워하기도 한다. 자신은 농담이라고 생각하고 던진 말인데 듣는 사람에게는 비수가 되어 박히는 경우일 수 있다. 겉으로 태연하게 웃어넘긴다고 해서 '이 정도는 괜찮겠구나!' 생각해서는 안 된다. 성공적인 인간관계나 대화를 원한다면 상대의 강점을 말하고 약점은 가급적 감춰주는 것이 좋다. 알고 보면 상대의 약점이라는 것은 대부분 나와는 상관이 없는 것들이다. 또 나에게는 어떠한 피해도 주지 않는다. 상대가 갖고 있는 약점 즉 콤플렉스는 그 사람의 문제다. 아픔이 크면 상대가 갖게 되는 원한과 보복도 크다는 사실을 명심해야 한다.

상사를 모시는 직원이 윗사람의 역린을 건드린다면 회사를 그만둘 각오를 해야 한다. 반대로 아랫사람이라 할지라도 그 사람의 역린을 잘못 건드리면 부하에게 신뢰를 잃게 된다. 우리는 알고 있다. 나의 역린이 무엇인지, 절친한 친구의 역린이 무엇인지, 아내와 남편의 역린이 무엇인지. 우리는 그 역린을 들추어내기보다 헤아리고 감싸줄 수 있는 자세가 필요하다. 틀림없는 사실이라고 하더라도 그것이 상대의 자존심을 크게 상하게 하는 것이라면 삼가야 한다. 상대방이 수치스럽게 생각하는 역린을 함부로 건드리면 결국은 큰 화를 입게 된다. 좋은 인간관계를 유지하기 위해서는 상대방의 역린을 잘 살피고 드러내지 않는 것이 중요하다.

## 〈여자의 갱년기〉

(이지영의 「글밥짓는 여자」 중에서)

갱년기 증상이 나타났다. 하루에도 열두 번 변죽이 생기고, 누가 뭐라고 하면 우악스럽게 덤벼들고 싶어졌다. 비닐봉지를 뒤집어쓴 것처럼 숨 막힐 듯 갑갑해졌고 너무 우울해서 미칠 것 같으니 얼굴이 점점 죽상이 되어갔다.

부부동반 모임이 있으니 어서 채비하라는 남편의 재촉을 들으면서도 계속 누워 있었다. 내 몸을 일으켜 세운들 무슨 소용이 있나. 죽은 사람처럼 이렇게 자빠져 있어도 달라질 게 없어 보였다. 남편은 혼자 모임에 갔다. 침대인지 병석인지 모를 곳에 누워 있다가 시계를 보니 벌써 오후 다섯 시 반을 가리키고 있었다. 내가 왜 이러는지 모르겠다. 엉엉 울고 싶었지만 한 번 울기 시작하면 주체가 안 될 테니 그것만은 참아야 했다.

딸에게 전화를 걸었다. 딸의 목소리도 듣고 싶었고 현실 세계와의 접선도 필요했다. 친구들과 과제를 하고 점심을 먹는 중이라고 했다. 인사말을 남기고 전화를 끊어야 하지만 그런 체면이 안 나왔다. 저쪽에서 물었다. "엄마 왜?" 그 소리가 "환자분 어디가 아프셔서 전화 주셨어요?"라는 문진으로 들렸고, 나는 선생님께 고하듯 말했다. "요즘 모든 것이 귀찮고 움직이는 것도 싫어서 계속 누워만 지내고 있어. 벌써 며칠째야… 어떡하지?"라고 말했더니, "엄마는 그동안 너무 열심히 살아왔으니까 그렇게 며칠 누워 있어도 괜찮아."라는 위로의 말을 전했다. 전화를 끊은 다음에도 이 녀석은 마음이 안 놓이는지 재미있는 영화나 드라마를 보면 어떻겠냐며 계속해서 문자와 링크를 보내왔다. 똘똘하고 기특한 녀석이다. 때론 의사가 해박한 지식으로 처방해 준 약보다 가까운 사람의 따뜻한 말 한 마디가 내 몸을 돌보는 데 훨씬 도움이 되었다.

갱년기 증상으로 밤마다 가슴에 불덩이가 타오르듯 열이 났다가 한순간에 싸늘하게 식어버리기를 반복했다. 그럴 때마다 나는 이불을 꽁꽁 싸매고 있다가 별안간 발길질로 차 내버리기를 반복해 댔다. 이긴 것도 진 것도 아닌 싸움을 밤새 치러내느라 몸은 엿가락처럼 늘어져 갔고 마음도 지쳐가고 있었다. 이때 공부하느라 바쁜 아들이 시간을 내주어 같이 영화를 보고 나왔다. 극장에서 나오니 밤공기가 제법 쌀쌀했다. 나는 옷깃을 여몄다. "엄마! 저기 좀 봐." 아들이 기쁨 넘치는 목소리로 말했다. 아들이 가리킨 것은 달빛 아래 핀 목련이었다. 내가 영화를 보고 나서도 우울해 보여서 그랬는지 꽃소식이라도 전해 주고 싶었나 보다. 다른 때 같았으면 마녀에게 빼앗겼던 목소리를 방금 돌려받기라도 한 것처럼 호들갑 떨어대며 목련은 언제 봐도 어쩜 그리 예쁘냐며 수다를 떨었을 텐데 나는 목련을 휙 쳐다보고 난 후 다시 앞만 보고 걸었다.

그 후 며칠이 지났다. 새벽에 일어나 보니 화장대 위에 무언가 얹혀 있었다. 불을 켜고 보니 커다란 목련 송이였다. 잠이 확 깼다. 길가에 지천으로 핀 쪼그마한 꽃 한 송이를 따려고 해도 "에헤! 안 돼, 엄마!"라며 내 손을 잡아끌던 녀석인데, 보기에도 아까운 목련꽃을 제 손으로 꺾어 왔다. 아침에 일어나 밥을 먹고 학교 갈 준비를 하면서도 아들은 목련꽃 이야기는 한 마디도 안 했다. 나 역시 그 고운 걸 어떻게 꺾어 왔냐고 묻지 않았다. 나는 수반에 띄워놓은 목련을 보며 조용히 앉아 〈목련〉이란 시를 한 편 적어두었다.

둥실둥실 살이 오른 녀석을 업고
달빛 아래 목련을 한참이나
올려다보고 있으려니
"엄만 저 꽃이 그렇게 좋아?"라고 묻는다.
아직 어려서 알아들을지 모르는 녀석에게
"저 꽃 이름이 목련꽃이야."라고 이야기해 줬다.

이십 년 세월이 흘렀다.
봄은 변함없는 모습으로 꽃을 피웠고
달빛 아래 목련은 여전히 시리도록 아름다운데
등에 업혀 있던 녀석은 내 키를 훌쩍 넘겼고
나는 어느덧 중년이 되어 있었다.

툭! 하고 꺾여진 목련이건만
여전히 고고하고 여여하다.
이 고운 것을 어찌 꺾었냐는
채근은 하지도 못했다.

그날은 버석한 내 마음으로
목련이 피었다.

### 〈아들의 신병 휴가〉

(이지영의 「글밥짓는 여자」 중에서)

보기도 아까운 내 새끼가 신병 휴가를 나왔다. 수만 개의 태양을 모아 놓은 듯 밝게 빛나던 얼굴빛이 휴가가 지날수록 어두워져 가고 있었고 집에 오자마자 진저리치듯 벗어놓은 푸른 군복에서도 시간이 자꾸만 떨어져 내리고 있었다. 달력 위에 얹힌 날짜라는 숫자가 악마처럼 느껴졌다. 아들이 휴가를 끝내고 강원도 부대로 들어가는 날이었다. 고개를 푹 숙인 채 시간이 남아있을 리 없는 푸른 군복을 집어 들고 차곡차곡 쌓듯이 제 몸에 다시 걸치고 있었다. 부대에서 불호령이라도 맞을까 걱정이 된 나는 하나라도 빠트리지 않고 잘 챙겼는지 몇 번을 물으며 닦달을 해댔다. 엄마라고 해봐야 이럴 땐 해줄 수 있는 게 아무것도 없으니 그저 할 줄 아는 싫은 소리만 앓듯이 했다.

아들을 태우고 터미널로 가다가 중간에 차를 세우고 급히 카페로 들어가 빙수를 시켰다. 이 길로 들어가면 제아무리 먹고 싶다고 해도 입에 넣을 수 없을 테니 단 한 가지라도 더 먹여 보내고 싶었다. 녀석도 이걸 언제 또 먹겠냐는 마음으로 퍼먹고 있어서 그런지 맛있게 먹고 있으면서도 그 모습이 너무 서글퍼 보였다. 우리가 가진 몇 푼 안 되는 시간은 아이스크림보다 훨씬 더 빨리 녹고 있었다.

다시 차를 타고 가는 내내 아들은 입을 다문 채 음악을 크게 틀어 놓았다. 블루투스로 들리는 아들의 플레이리스트가 제법 마음을 울렸다. 이 녀석은 이런 감성적인 노래를 좋아하는구나! 몇 곡 듣지도 않은 것 같은데 벌써 터미널에 도착해버렸다. 버스에 올라탄 녀석은 활짝 웃으며 내 쪽을 향해 씩씩하게 손을 흔들어 보였고 젊은 군인을 태운 버스는 야속하게 떠나버렸다. 어린 송아지를 장에 팔러 갈 때는 어미 소를 앞세워 몰고 나간다고 했다. 그렇게 어미 소를 뒤따라 나간 송아지는 다른 주인의 손에 들려 가고 어미 소만 주인을 따라 다시 집으로 돌아온다. 새끼를 떼어 놓고 온 그날 저녁 어미 소는 밥도 먹지 않고 밤이 새도록 우는 소리를 냈다고 했다. 둘이 걸어왔던 길을 따라 주차장으로 갔다. 시동을 켰다. 부르릉하고 시동이 걸리자마자 고막을 덮칠 듯 엄청난 굉음이 뚫고 들어왔다. 조금 전까지 아들의 휴대폰에서 나오는 감미로운 노래를 전송하던 스피커에서 나오는 소리였다. "신호를 찾을 수 없습니다" "지지직…" 이제야 참았던 눈물이 쏟아졌다. 아들의 신호를 잡기 위해 미친 듯이 지직대는 울부짖음을 차마 끌 수가 없었다. 멀리 떠나고 있는 아들과 집으로 돌아가는 나를 이어주려고 하는 몸부림이었기에…. 집에 오는 내내 그 굉음은 내 가슴속을 파고들었다. 온천지가 아름답던 초여름이었다.

## 〈신혼 여행〉

(이지영의 「글밥짓는 여자」 중에서)

"우리 신혼 여행은 제주도로 가면 어떻겠어?" 남편에게 물었더니 그러자고 했다. 신혼여행을 제주도로 간다니 안될 말이다. 그때 나는 이국적인 여름 낭만이 쏟아져 내리는 야자수 나무 아래 있었다. 챙이 넓은 모자까지 눌러 쓰고 단꿈에 젖어 있는 내 머리 위로 굵은 야자 열매가 툭 하고 떨어지는 소리였다. 대여섯 시간이면 한겨울을 벗어나 낭만이 철철 넘치는 여름 나라로 갈 수 있는데 이 환상적인 여행을 포기할 수는 없었다. 그때만 해도 제주도 패키지 금액이 동남아보다 더 비쌀 때였으므로 여행 경비도 아낄 겸 해외로 나가 보자고 다시 졸라봤다. 하지만 그는 여간해서 고집을 꺾지 않았다. 큰돈은 아니지만, 이 돈을 나라 밖에서 쓰는 것보다 안에서 쓰는 게 의미 있지 않겠냐고 했다. 작지만 이런 것이 나라에 힘을 보태는 일이라며 한사코 제주도를 고집했다. 신혼여행지에서의 이른 새벽 그가 나를 깨웠다. 나는 아직 잠이 눈꺼풀에서 떨어지지도 않고 있었다. 두꺼운 코트에 목도리까지 두르고 나서 비몽사몽으로 그를 따라나섰다. 차를 몰아 성산일출봉에 도착한 그가 약간 상기된 목소리로, 곧 해가 뜰 테니 어서 나가 보자고 했다. 하지만 밖은 너무 추워 보였다. 나는 차에서 자고 있겠다고 하며 나가지 않았다. 몇 번을 권하던 그도 지쳤는지 결국 다른 곳으로 차를 돌렸다.

어머니께서는 신혼 때 노간주나무로 만든 코뚜레를 선물로 주셨다. 소 코뚜레를 문에 걸어 두면 행운이 찾아든다고 하시면서 가지고 오셨다. 그렇게 신혼집에 걸어 두었던 코뚜레는 그 이후 몇 번 더 이사를 할 때도 현관 입구에 걸어 두었다. 코뚜레가 행운을 준다고 믿어서가 아니라 어머님의 정성이 우리 집에 행운을 오게 할 것이라고 믿었기 때문이다. 어느 날 나는 코뚜레를 보고 생각에 잠겼다. 이 코뚜레의 주인이었을 커다란 소에 비하면 손바닥만 한 코뚜레는 아무것도 아닌 그저 둥그런 나무 조각에 불과했을 것이다. 그러나 아무것도 아닌 코뚜레는 아직 그대로인데 커다란 황소는 온데간데없고, 그 간 곳을 아는 이도 없다. 우리의 인생도 이와 같지 않겠나. 내가 밥그릇에 담긴 밥을 아무리 퍼먹어 봐도 밥을 퍼담은 육신은 앞으로 50년도 안 돼서 흔적도 없이 사라질 텐데…. 조용히 밥을 담고 있는 이 그릇은 몇백 년을 가고도 남을 것이다. 그러니 잘난 체 말자. 그리고 얼마 남지 않았다는 것을 잊지 말자. 먹을 갈아 붓글씨를 한 장 써두었다. 코뚜레는 아직 여기 있는데 그대는 어디서 무엇이 되셨소. 때가 되면 나도 사라져 버릴 테니 밥공기와 붓글씨 한 장 그리고 코뚜레만 남겠구려.

신혼여행을 다녀온 지 꼭 이십 년 세월이 흐른 어느 해의 봄, 촘촘한 강의 일정으로 정신없이 보냈다. 봄이 오는지 가는지, 꽃이 피는지 지는지도 모르게 바삐 지내다 보니 어느새 6월이 되었다. 나는 잠깐 숨이라도 쉬고 올까 싶어 제주도로 향했다. 정해진 일정 없이 떠난 것이기에 마음 가는 대로 다닐 것이지만 그때의 미안함 때문에 성산 일출봉에는 꼭 한 번 올라야지 했다. 제주도에 도착한 나는 성산포 쪽으로 이동했다. 게스트하우스 주인이 안내해준 방으로 들어가 보니 제주도 바다처럼 파란 벽지에 하얀 콘솔 그리고 파란 침대보가 씌워진 예쁜 방이었다. 나는 가져간 책을 조금 읽다가 새벽 일출을 보기 위해 일찍 잠자리에 들었다. 8시가 다 되어서야 겨우 일어나 아침 해를 머리에 이고 일출봉으로 향했다. 표를 끊고 어느 정도 올라가다 보니 젊은 남자들이 지구를 밀어내듯 당찬 발걸음으로 산을 오르고 있었다. 쳐다보는 것만으로도 힘이 나고 미소가 절로 지어졌다. 이 호사를 누리려고 내가 늦잠을 잤나 보다. 나는 그렇게 수학여행 온 남학생들과 함께 무리 지어 일출봉에 다다랐다. 봉우리를 밟고 서서 아래를 굽어보았다. 아무 거리낌 없는 푸른 바다가 열두 폭 치맛자락처럼 길게 펼쳐져 있었다. 가쁜 숨이 저절로 내려앉았고 그 자리에 파란 바닷물이 채워졌다. 눈 앞에 펼쳐진 풍광을 몇 장을 찍어 이십 년 전에 보았어야 했을 그에게 보내어 주었다. 이내 그로부터 쏟아지는 칭찬이 들어왔다. 기분이 좋아진 나는 콩콩거리며 점심을 먹으러 갔다. 제주도에 가면 꼭 그 집 고등어회를 먹어야 한다는 후배의 말 때문에 '그리운 바다 성산포'라는 예쁜 이름의 식당으로 갔다. 들어가자마자 야심 차게 고등어회를 시켰지만, 2인부터 주문 가능하단다. 사장님은 1인이 먹을 수 있는 다른 메뉴를 친절하게 권해 주셨지만, 그 말이 귀에 들리지 않았다. 나는 원래 내가 듣고 싶은 말만 듣는 사람이다. 고등어회 2인분을 시켰다. “술은 내가 마시는데 바다가 취한다”라는 이생진 시인의 말이 떠올라 소주도 한 병 시켰다. 엄청나게 푸짐한 상이 내 앞으로 차려졌다. 아주 정갈한 상차림이었다. 나는 이런 상차림이 좋았다.

홍분하지 말자. 어차피 다 내 것이다. 머리가 좋은 나는 고등어 회를 집중적으로 공략하며 어마어마한 상을 차근차근 조져 나갔다. 담백한 맛에 쫄깃한 식감이 죽여주는 맛이다. 혀가 기뻐 춤출 때 무심한 듯 소주 한잔을 내려보내니 입에서는 교향곡이 울려 퍼지고 머리에선 골든벨이 울렸다. 비빔밥이나 하나 먹고 가겠지 했던 육지 손님이 2인 상을 거덜내는 걸 보신 사장님께서 놀라 입을 다물지 못하신 채로 한라봉 하나를 건네주셨다. 알알이 터지는 그것마저 차곡차곡 밀어 넣고 나서야 밖으로 나왔다.

제주도에 일주일 정도 머물 계획이었지만 성산 일출봉에도 올라보고 뱃속에는 소주에 절인 성산포 고등어가 놓익고 있으니 더는 할 일이 없었다. 예전엔 혼자만의 여행이 외롭지 않았는데 나이를 먹어서 그런지 이번 여행은 시시때때로 외로움이 달려들었다. 일주일 정도 보낼 생각으로 왔지만, 계획을 접고 결국 3일 만에 집으로 돌아가는 비행기에 앉았다. 그날 나는 집으로 돌아가는 길이 아니라 어쩌면 그를 데리러 가는 길이었을지도 모르겠다. 그와 함께 다시 그리운 바다 성산포로 올 것이다. 그때는 새벽에 그가 깨우더라도 투정을 부리지 않겠다. 그가 깨우는 소리에 일어나 맑은 물에 얼굴을 씻고 부지런히 따라나설 것이다.

## 〈작가에 입문하다〉

(이지영의 「글밥짓는 여자」 중에서)

도서관에서 진행하는 자서전 쓰기에 수강생으로 참여했다. 《내 인생의 자서전 쓰기》라는 책 진도에 맞추어 유년 시절부터 정리하기 시작했는데, 나에게는 그리 좋지 않았던 유년기 기억이 뜻밖에도 글을 써나가면서 아름다운 이야기들이 있었음을 알게 되었다. 아주 작은 기쁨이나 아주 작은 즐거움이었지만 칠흑 같은 밤하늘에 내걸린 별님 같았다. 아! 이래서 글쓰기는 치유의 효과가 있다고 하는구나. 자서전 쓰기 행사를 진행하셨던 '책과 사람' 대표님께서 내가 적은 소감을 보시더니 글에 소질이 있는 것 같으니 글을 좀 써보면 어떻겠냐고 하셨다. 나도 책을 낼 수 있고, 작가가 될 수 있다고 생각하니 세포들이 기뻐 날뛰었다. 글을 빨리 쓰고 싶어서 마시던 차가 아직 남아있었지만 나는 빨리 집에 가야겠다고 말씀드리고 후다닥 빠져나왔다.

글 쓸 생각에 오두방정을 떨며 집으로 왔지만, 그 와중에도 '내 주제에 무슨 책을 낸담….' 하는 마음이 없지 않았다. 막 덤벼들게 아니라 나도 남들처럼 생각이란 걸 좀 해보고 차분히 돌아보면서 내 삶을 정리해보자.

책을 내겠다 마음먹고 첫 번째로 쓴 글은 '벚꽃 단상'이었다. 내가 가장 사랑스러워하던 꽃이 목련이었는데 벚꽃으로 갈아탄 것은 나에게 빅 뉴스감이었기 때문이다. 쓰고 나니 제법 괜찮은 것 같았다. 서서히 자신감이 생기기 시작했다.

나는 남편에게 오늘부터 글 쓰는 작가가 되었다고 알리면서 앞으로 작가님이라고 불러야 한다고 했다. 하지만 남편이 수긍해야 하니 어제오늘 쓴 몇 편의 글을 읽어주었다. 귀담아듣던 남편은 "당신은 글재주가 있네."라고 하면서 훌륭한 작가가 되려면 책을 많이 읽어야 한다, 앞으로는 옷을 사지 말고 그 돈으로 책만 사서 보라고 했다. 좋은 작가가 되라고 덕담을 해주는 건지, 옷을 그만 좀 사 입으라는 건지 헷갈렸지만 다시 묻지 않았다. 그나저나, "이건 언니가 안 맞는다고 준 거야. 이건 작년에 입던 거잖아."라는 거짓말을 여러 번 했는데 벌써 다 눈치채고 있었나 보다.

하루는 다섯 편이나 되는 글을 썼는데 머리에서 줄줄 나오는 대로 손으로 받아 적어 마치 말이 달리듯이 썼다. 어차피 지금은 글의 질보다는 글감을 많이 모아 보는 게 중요하다. 세 편을 골라 남편에게 카톡으로 보냈더니 잘 썼다고 했다. 그러면서도 아주 잘 써진 유명 작가의 수필 몇 편과 시 몇 편을 다시 카톡으로 보내왔다. 이렇게 작품성이 보장된 게 아니면 보내지 말라는 말일 수도 있고, 이런 좋은 글도 있으니 더욱 분발하라는 뜻일 수도 있다.

퇴근해서 돌아오는 남편에게 그 사이 쓴 글을 몇 편 읽어주겠노라고 했더니 극구 사양했다. 나중에 돈을 주고 사서 보겠단다. 진짜 책이 나왔으면 하는 말인지 아니면 지금 한 번 들어주면 시도 때도 없이 달려들겠다 싶어 자신만의 살아남을 방편으로 그러는 건지 역시 알 수 없는 노릇이다.

글감이 떠오르지 않을 때는 이미 쓴 내용을 다듬었다. 중언부언하는 것은 빼내고, 독자의 입장에서 이런 건 왜 썼을까 하는 의

구심이 드는 것들도 거침없이 도려냈다. 그러고 보니 글맛이 훨씬 좋았다. 어찌 보면 글을 다듬는다는 것은 더 아름답게 꾸미는 게 아니라 필요 없는 것을 잘라내는 과정의 연속이라고 생각되었다. 군더더기만 빼어도 글이 훨씬 생명력을 갖추었다. 문제는 한 권의 분량을 쓰자면 마침표 하나라도 버리기 아까운데 문장을 싹둑싹둑 잘라내기가 쉽지만은 않았다.

글을 쓰는 중간에 책을 써보라고 권유해 주신 분을 뵈러 갔다. 괜찮다 싶은 짧은 글 두 편 골라 보여드렸다. 잘 써졌다고 하시면서도 각 꼭지의 글이 너무 짧으니 맥락에 맞는 인용구나 시구를 활용해 보라고 하셨다. 안숙선 명창의 〈사철가〉, 헬렌 켈러의 〈사흘만 볼 수 있다면〉, 〈오관계〉 등을 붙여 몇 개의 글이 재탄생되었다. 단문을 늘리려니 글의 내용이 희석되어 색깔이 없어지는 느낌이었다. 그래서 단문은 그대로 놔두고 뒷부분에 천을 덧대어 꿰매듯이 생각을 조금 더 덧대어 나갔다. 이삼십 분 정도 들여 쓴 글이었는데 문맥을 놓치지 않으면서 붙여 쓰려니 서너 시간은 족히 걸렸다. 하나의 글감을 가지고 길게 말할 줄 아는 것이 작가의 근육 같은 거였구나.

첫눈이 소담스럽게 내려 제법 쌓이고 있었다. 싸리비를 들고 마당을 쓸고 있자니 글감이 떠올랐다. 얼른 뛰어가 휴대폰에 저장해 두었다. 제주도 해녀 이야기와 태국 여행에 관한 이야기를 중요 단어와 생각나는 순서 등으로 간략하게 기록해 두었다. 서재로 들어와 휴대폰에 저장된 키워드를 중심으로 글을 쓰기 시작했다. 제주도 해녀의 글은 한 시간 반 정도가 걸렸고, 태국 여행 이야기는 4시간도 넘게 걸렸다. 이날은 6시간 넘게 글을 써도 피곤한 줄을 모르겠다. 이 기운은 어디서 온 것일까?

어느 날 처음 써둔 글과 현재의 고쳐 쓴 글을 비교해 보고 싶었다. "어머나! 나 이만큼 성장했네."라는 스스로의 칭찬이 필요했나 보다. 그런데 이상한 상황이 벌어졌다. 고치기 전의 글들이 지금의 글보다 훨씬 더 간결하고 맛깔스러웠다. 이 일을 어쩌나? 어떤 것을 선택할지 고민이 되었다. 분량을 늘이기 위해 덧붙여놓아 처음 감흥을 잃어버렸기에 원래대로의 짧은 글로 마침표를 찍고, 글 뒤에 붙여져 있던 글을 잘라내서 다른 꼭지의 글로 마무리했다.

너무 오랜 시간 노트북을 보고 있으려니 눈이 너무 건조하여 여간 고통스러운 게 아니다. 안구건조증이 심해져 약도 소용이 없는 것 같고, 인공눈물도 넣을 때뿐이다. 화면을 쳐다보는 내내 너무 고통스럽다. 눈이 아파 더 이상 모니터를 볼 수 없어서 쉬면서 생각나는 대로 글감을 메모해 두고 잠을 잤다. 아침 늦잠을 자고 일어나 책상 앞에 앉았다. 어젯밤에 자면서 메모해 두었던 에피소드로 열 페이지 분량을 썼다. 글의 질감이 아니라 분량이 나를 기쁘게 했다. 내 인생 영화인 〈체리 향기〉를 어떻게 쓰면 좋을까 여러 번 생각하다가 전지적 작가 시점으로 쓰면 흥미롭겠다 싶었다. 수차례 본 영화이니 그 주인공의 속마음은 어느 정도 헤아려졌기 때문이다. 시작해 보니 잘 풀려나갔다. 특히 '공허한 눈동자를 매단….' 이라는 문구를 쓰고 나서 내가 얼마나 대견했는지 모른다. 너무 멋진 표현이었기 때문이다.

지금까지 쓴 글을 출력해서 다른 사람이 볼 때는 어쩐지 남편에게 확인받고 싶었다. 남편은 "글을 통해 독자를 가르치듯 말하는 뉘앙스가 들어가면 안 된다. 독자는 글을 쓰는 당신보다 더 나은 사람이라고 생각해라. 말미에 공자님 말씀 같은 느낌으로 결론을 짓지 말고, 독자가 생각해보도록 여운으로 남겨둬라. 특히 군더더기가 너무 많고 중복되는 의미의 말이 너무 많다." "다 빼고 간결하게! 어떻게 다 빼? 당신 말대로 하면 그건 수필이 아니라 시잖아." "이 사람아, 시 같은 수필이 진짜 좋은 수필이야!" 수필을 읽는 이 남자만의 취향일 수도 있겠지만, 일견 그렇기도 한 것 같으니 또다시 눈물겨운 칼질을 해야 했다.

잠을 잘 때 휴대폰을 항상 옆에 두고 잔다. 자면서도 글감 생각을 한다. 운 좋게도 생각나는 것이 있으면 그때마다 휴대폰을 켜고 메모해 둔다. 일어나서 휴대폰을 열어보니 이렇게 적혀 있었다. 크리스마스이브 '속옷, 용도. 큰어머님. 왜 그렇게 엄마들은 속옷 하나 변변히' 속옷에 관한 스토리가 생각나서 휴대폰에 이렇게 메모해 두었던 것을 글로 완성시켰다.

크리스마스! 3일 연휴의 첫날, 아침 6시에 눈이 떠졌다. 오늘은 이 남자에 대해서 글을 써야겠다 마음먹었다. 우리 윤 서방, 손이 큰 여자, 부부싸움, 이 남자의 일상에 대해 썼다. 내가 읽어 줄 테니 들어보라고 하니 귀를 막고 도망가 버렸다. 저녁 식사 후에는 아버지와 짜장면, 구도자, 무소유 등을 썼다. 하루 종일 식음을 전폐하다시피 매달렸고, 눈이 아픈 사정은 봐주지 않았다. 아픈 건 아픈 거고, 글은 마무리해야 했다. 나는 내가 잘 안다. 이렇게 하지 않으면 흐지부지하다가 "내가 무슨 글을 쓴다고…, 이걸 누가 읽는다고…." 하면서 포기할 게 뻔하다. 그러니 쇠뿔도 단김에 빼야 되고, 번개 칠 때 콩 구워 먹어야 한다. 안 그러면 못 한다. 다행히도 종일 매달린 덕분에 한 권 분량의 글이 드디어 완성되었고 목차 구성까지 마무리하였다. 너무 좋아서 어깨춤이 절로 나왔다. 이로써 1차 탈고를 마무리하였다.

'탈고'라는 말을 '완성'이라는 의미로 잘못 알고 있었다. 안타깝게도 탈고 이후부터가 본격적인 글쓰기 작업이었다. 그동안의 작업이 쌀을 씻어 솥에 안치는 일이었다면, 지금부터는 실제 불을 조절해가면서 밥이 익을 때까지 정성을 들여야 했다. 나는 이십여 일을 비장한 각오로 앉아 철저히 독자의 눈으로 글감 하나씩 부여잡고 수도 없이 다듬고 다듬었다. 그렇게 매달렸는데도 소생의 기미가 없는 것은 가차 없이 삭제했다. 남편은 책이 나올 것을 생각하니 걱정이 되었는지 읽는 사람이 머릿속으로 생생하게 떠올릴 수 있도록 묘사해 보라고 했다. 눈치가 빠른 나는 아버지와 짜장면에서는 아버지의 평소 모습을 상세하게 묘사해 보았고, 역지사지에서는 게임을 할 때 느꼈던 감정을 자세하게 풀어 놓아 보았다. 역시 글이 훨씬 더 맛있어졌다. 제법 글다운 글이 만들어져 가고 있었고 비로소 밥이 되어가는 구수한 냄새가 난다.

출판사로 보내며 돌이켜 보니 글을 쓰는 동안 3단계를 거쳐 여기까지 온 것 같다. 첫 번째로는 어떤 이야기든 상관없이 떠오르는 게 있을 때마다 글로 옮겨 보는 작업이었다. 이 과정에서는 무조건 많이 써놓는 게 제일이었다. 문맥에 신경 쓰지 않아도 된다.

그런 것에 신경 쓸 시간에 한자라도 더 적어 놓는 게 유리하다. 무조건 많이! 많이! 두 번째로는 시간이 날 때마다 써 놓은 글을 살펴보면서 문맥을 세우고 문장을 구조화했다. 소리 내어 읽어 보면서 문맥을 맞추어 나가니 어렵지 않았다. 입으로 읽고 귀로 들으면서 부드럽지 않은 곳을 다듬어 보았다. 주요 이슈와 상관없는 이야기나 잘난 척하고 싶어서 갖다 붙여놓은 구절들을 잘라내야 했다. 이때 심장이 벌렁거려서 가위질을 그만두고 싶었지만 그럴 때마다 더욱 '싹뚝! 싹뚝!' 잘라냈다. 그제야 글이 생명력을 가질 수 있었다. 마지막 관문으로는 문맥을 해치지 않는 선에서 맛깔스럽게 표현해 보는 것이다. 가장 조심스러우면서도 에너지가 많이 쓰이는 시간이었다. 그렇지만 이 과정이 나에게 가장 큰 기쁨을 주었다. 머리털을 쥐어 짜내면서 여러 가지 표현을 바꾸어 보며 수 도 없이 반복해 보았다. 그렇게 미친 듯이 하고 나면 입가에 미소가 지어지는 문장들이 나오곤 했다. 그야말로 나만의 글맛이 만들어지는 시간이었다. 이런 시간들을 거쳐 거칠고 투박했던 글이 모양을 잡아 나갔다. 이제부터는 내가 지은 글밥을 볕에 내걸어 두고 나는 그 그늘 아래서 낮잠을 즐기면 된다.

## 〈이직을 하고 프리랜서 강사로 나서다〉

(박인숙 자서전 중에서)

안정적인 직장생활을 하던 어느 날, 난 문득 불안감에 휩싸였다. 이대로 난 안주를 하는 것 아닌가, 아니 안주를 하고 말 것인가 생각이 더 정확했던 것 같다. 그동안 무엇에 쓰려고 수십 개의 각종 자격과정을 거듭하면서 살았었는지 되돌아볼 즈음에 또다시 나를 일렁이게 하는 순간이 40대였다.

5년마다 변화를 추구하라는 이건희 회장의 말이 수시로 떠오르면서 뭔지 모를 불안감은 나를 또다시 새로운 도전으로 이끌고 있었다. 직장의 아침 미팅 시간에는 성과를 내야 하는 파이팅을 다짐하기보다는 정서적인 공감대를 형성하기 위하여 인상적인 책 내용의 한 구절을 읽어주었다. 또 가슴 따듯한 사례들을 공유하며 촉촉이 감성을 교감하였고, 직원들에게 고객만족 교육을 하다 보니 내외부 직원들의 반응이 괜찮았다. 그에 힘입어 '상호 메시지를 공감하는 강의를 하면 어떨까' 하는 생각이 계속 떠나질 않았다. 그래서 시작한 것이 매주 주말 서울로 강사양성과정을 들으러 가는 것이었다. 아이들이 다 성장했다는 핑계와 마냥 이해해 줄 것 같은 남편 때문이었다. 그래서 남편의 휴일도 뒤로하고 새벽에 나가 밤에 오는 6개월간의 교육과정을 등록하게 되었다. 몸은 힘들었지만 새로운 도전에 피곤한 줄 몰랐다. 남편의 잔소리도 마이동풍하며 즐겁게 다녀 삼성경제연구소에서 주관하는 전천후 멀티 명강사과정을 수료하였다.

강의를 한다는 것, 강사로 살아간다는 것은 꾸준한 자기관리가 절대적으로 필요한 일이라는 걸 수없이 깨닫는 과정이기도 했다. 그 후 직장을 그만두기 5년 전부터 야간에 무료로 강의 봉사하는 센터가 있어서 그곳을 발판삼아 강의 스킬 및 자질을 키웠다.

안정적인 직장 일이 개인적으로 시들해지고, 혁신의 시대에 변화를 추구하며 성과가 경쟁으로 이어지는 흐름은 내가 추구하는 직장생활의 모습이 아니었다. 누가 나가라고 밀어내지 않는 직장이었고, 잘하고 있다는 주변의 평가에도 불구하고 난 그 직장을 과감히 그만두고 바로 강의업계로 뛰어들었다. 가만히 돌아보니 직장생활의 모든 것이 강의 소재가 되었고, 직원들과의 수많은 관계 형성이 강의 분야로 자리매김하게 해주었으며, 나의 마인드와 함께하는 행동 하나하나가 강의 요소에 밑거름이 되어주었다. 조금은 늦은 것 같은 40대 강사로서의 시작은 앞으로의 행보에 믿음과 노력을 게을리하지 않아야 한다는 것을 알려주었다. 흔히 화려한 날은 간다고 한다. 왜냐면 화려함만을 보기 때문이란 생각이 뒷받침되기 때문이다. 그 화려함보다 은은함의 매력이 더 오래가고 늦게 피는 꽃이 더 아름답다는 진리를 일깨워준 나의 40대는 내 인생에 있어 또 다른 터닝포인트가 되었다. 늦게 배운 도둑이 밤새는 줄 모른다고 하니, 늦게 시작한 강사라는 직업, 죽을 때까지 나는 강의를 하면서 즐겁게 싶다.

## 60대 이상 : 인생 2막의 시기

60세는 인생의 터닝포인트를 맞는 나이입니다. 제2의 인생을 준비해야 한다는 초조함이 밀려오는 때이기 때문입니다. 가장 오래 다닌 직장을 그만두는 일, 즉 퇴직의 문턱에서 재취업, 자녀 결혼, 건강관리 등의 문제로 불안한 시기입니다. 이때 자기 마음을 잘 다스려야 노후를 잘 보낼 수 있습니다.

공자는 60의 나이를 이순이라고 했습니다. 그는 지금까지 살면서 지식도 많이 쌓았고 지혜롭게 살아왔다고 생각했으나 60세가 되어서야 깨달은 것이 있습니다. 그것은 바로 자신이 최고의 석학이라고 믿었기 때문에 남의 말을 귀담아듣지 않는 우를 범했다는 것입니다. 60세가 되고 나서야 남의 말을 순하게 들을 수 있었다고 고백했습니다.

이 시기가 되면 100세 시대의 화두로 떠오르는 것이 바로 건강입니다. 건강은 아무리 강조해도 지나침이 없는 것입니다. 이 시기는 비교적 모든 면에서 좀 여유로운 시기입니다. 인생 1막에서 채 펼치지 못했던 것을 추진할 수도 있습니다. 인생의 후반기를 맞아 진실로 당신이 좋아하는 것, 마음속에서 열망하는 일, 재능 있는 일을 찾아서 개발하고 즐길 수 있도록 노력한다면 우리의 인생에 최상의 선물이 될 수 있습니다. 당신이 아직 이 시기에 이르지 못했다면 자서전을 통해서 새로 계획하고 준비를 할 수 있다면 나중에 최상의 선물이 될 것입니다. 어느 순간에 갑자기 찾아온 문제들로 당황하거나 지난 시간이 무의미하게 느껴졌다면 지금부터 충분히 보충할 수 있는 것도 바로 이 시기입니다. 뜻이 있는 공동체에 가입해서 여럿이 함께하면 시너지도 극대화될 수 있습니다.

60대가 되면 대부분이 손자들을 보게 되는 경우가 생기는데 그 가운데서 소소한 행복감을 맛보는 시기입니다. 손자의 출산을 통해 내 후대를 이어가는 통로가 생겼다는 생각과 손자의 재롱은 그 어느 것에 비교할 수 없을 만큼 큰 삶의 버팀목이 됩니다. 남은 인생 꼭 하고 싶은 일들을 우선순위별로 적어보고 선정 이유와 추진 계획도 세워보면 좋을 거 같습니다.

## 질문

- 새로운 목표를 설정하고 추진했던 일과 성과는 무엇인가요?
- 오늘날의 내 모습을 보면서 나타난 성과물이나 성찰은 어떤 것인가요?
- 하고 싶은데 망설이는 일이 있다면 무엇인가요? 그 이유는 무엇인가요?
- 손자나 다른 젊은 세대와 함께 해 보고 싶은 것은 무엇인가요?
- 인생 2막을 살아가는 데 꼭 필요한 것과 그에 대한 준비는 어떻게 했나요?
- 더 큰 만족을 얻기 위해 삶의 무엇을 바꾸고 싶은가요?
- 지금 참여하고 있는 공동체 활동은? 그 모임의 비전과 사명은 무엇인가요?
- 지역사회에 공헌할 수 있는 것을 하고 싶다면 그것은 무엇인가요?
- 다른 누군가를 위해 내가 했던 일 중, 큰 만족감을 준 것은 무엇인가요?

- 봉사활동에 대한 가치와 실천계획은 무엇인가요?
- 내가 가장 자신 있게 할 수 있는 일은 무엇이며 어떻게 활용하고 싶은가요?
- 새롭게 개발하고 싶은 분야는 무엇이며 어떻게 활용하고 싶은가요?
- 손자들은 나의 삶에 어떤 영향을 주고 있는가요?
- 태어난 손자를 처음 보았을 때 느낌은 어떠했는가요?
- 조부모가 되었을 때와 부모가 되었을 때의 느낌을 비교해본다면 어떨까요?
- 자식들이 아이를 기르는 방법을 묻는다면 어떤 조언을 해주고 싶은가요?
- 손자들이 자신을 어떻게 기억해 주기를 바라는가요?
- 내가 가장 사랑하는 사람은? 그 사람은 나에게 어떤 존재인가요?
- 내가 살아가는 데 가장 큰 버팀목이 되어준 것은 무엇인가요?
- 내 삶의 버팀목이 되어준 좌우명은? 좌우명으로 삼은 이유는 무엇인가요?
- 지금 내 삶의 환경 중 바꾸고 싶은 것은 무엇인가요?
- 내가 나에게 바라는 것은 무엇인가요?
- 지금 나의 건강은 어떠한가요? 건강을 지키기 위해 노력하고 있는 분야는 무엇인가요?
- 숙면의 정도와 방해가 되는 부분은 무엇인가요?
- 정신적, 심리적으로 안정감이나 불안정감은 무엇인가요?
- 앞으로 추진할 내 인생의 버킷리스트는 무엇인가요?
- 버킷리스트를 실천할 수 있는 힘과 용기를 어디에서 얻고 싶은가요?
- 중장기 계획으로 구분하여 나의 삶을 계획한다면 어떤 건가요?

### ▶자서전 예시글

**〈인생 2막을 맞이하다〉**

내 나이 60이 되면서 인생의 가을을 맞이했다. 문득 윤동주의 〈내 인생에 가을이 오면〉 시가 생각난다. 시인은 내 인생에 가을이 오면 나는 나에게 물어볼 말이 있다고 했다. 그는 내 인생에 가을이 오면 열매를 얼마만큼 맺었느냐고 묻겠다고 했다. 그리고 그 물음에 대답하기 위해 지금 그는 내 마음의 밭에 좋은 생각의 씨를 뿌려 좋은 말과 좋은 행동의 열매를 부지런히 키우겠다고 했다. 우리가 제대로 살아가고 있는지 뒤돌아보게 하는 시다.

나는 나에게 묻고 싶다. 내 인생에 가을이 오면 어떻게 살고 싶으냐고! 그래서 시인의 마음으로 내 인생의 가을을 사색해 본다.

내 인생에 가을이 오면
건강한 열매가 맺어지도록
말, 마음, 행동을 잘 가꾸고 싶다.
그래서 오랫동안 좋은 향기를 뿌리며 살고 싶다.

내 인생에 가을이 오면
오색 단풍과 오미가 함께 어우러져

멋진 풍광과 감칠맛 나는
고귀한 삶을 살고 싶다

내 인생에 가을이 오면
나를 아껴 준 사랑하는 이들과 함께
도란도란 이야기를 나누며
황금빛 가득한 그 길을 오래도록 걷고 싶다.

내 인생에 가을이 오면
여름의 뜨거운 열정이 식지 않도록
마음을 내려놓지 않을 것이며
겨울이 춥지 않도록 거듭나고 싶다

내 인생에 가을이 오면
사랑하는 사람들을 위해
배움 나눔 섬김을 실천하고
좋은 생각과 가치를 나누며 살고 싶다.

내 인생에 가을이 오면
푸른 잎을 오색으로 숙성시키고
아름다운 추억을 기록으로 정리하며
내 인생의 멋진 자작나무로 살고 싶다

내 인생에 가을이 오면
머지않아 찾아올 추위와
기약 없이 떠날 지인들을 생각하며
하루하루 내려놓으며 살고 싶다

이 글을 쓰면서 나도 이제 좋은 밭을 어느 정도 일구어 놨으니 이제부터는 나 중심보다는 상대 중심으로 무게 중심을 이동해야겠다고 다짐했다. 그래서 상대를 진심으로 배려하고 새로운 가치를 창출해 가면서 빨리 시들지 않도록 해야겠다는 생각을 했다. 그리고 제대로 살아가고 있는지 주기적으로 점검하면서 하루하루 소중한 삶을 살아가겠다는 다짐도 해본다.

'일일시호일(日日是好日)'

### 〈문제의 싹은 미리 잘라라〉

내가 여름휴가 시 직업군인으로 근무 중인 지인과 함께 충청도 모처에 있는 계곡에 갔었다. 하필 비가 많이 내리는 시기여서 계곡물이 많이 불어나 있었고 물살도 매우 거셌다. 휴가를 즐기는 사람들이 꽤 많았는데도 불구하고 안전에 대한 감각과 조치는 매우 부실했다. 접근 금지선도 없었고 계곡물을 건너갈 때 의지할 수 있는 밧줄도 없었다. 그리고 물가 주변은 뾰족한 돌멩이들이 산재하고 있어 맨발로 이동하려면 발바닥이 아프고 다칠 수도 있는 상황이었다.

물가에서 튜브를 타고 놀던 아이들을 보니 사고가 날 수 있는 작은 징후들이 나타나기 시작했다. 그런데 주변 사람들은 그런 징후들을 대수롭지 않게 생각하며 물놀이를 즐기고 있었다. 이러다가 사고가 날 수 있겠구나! 우리 일행은 긴장된 상태로 경계를 늦추지 않고 있었다.

바로 그때 40대쯤 되어 보이는 한 여자가 튜브를 타고 놀다가 물살이 센 중간지역으로 이탈되어 소리를 지르며 떠내려가고 있었다. 가까이에 있는 주변 사람들이 많이 보고 있었지만 도와 달라는 신호를 인식하지 못하고 단지 '물놀이가 즐거워서 소리치나?'라는 생각으로 간과했다. 그런데 우리 일행은 위험에 대해 긴장을 하고 있었던 터라 그 상황을 보자마자 '사고구나! 도움을 요청하는구나!'라고 직감했다. 조금만 더 떠내려가면 울뚝불뚝 튀어나온 암초에 걸려 튜브가 뒤집힐 것은 뻔했다. 튜브에서 몸이 이탈되어 떠내려가게 되면 암초에 머리가 부딪쳐 대형사고로 이어지겠다는 생각이 들었다.

우리 일행은 물가에서 30여 미터 높은 지역에 위치한 평상에 있었고 물가까지는 급경사가 심해 이동하기가 쉽지 않았다. 일행 중 현역 군인이 조건반사적으로 뛰어 내려가 급류에 휩쓸리고 있는 튜브를 잡아 물 밖으로 끌어냈다. 계곡물 가까이 이르는 지역은 땅바닥이 날카로운 돌멩이들이 가득 차 있었기 때문에 빠른 이동이 불가능했다. 하지만 현역 군인은 신발을 신을 겨를도 없이 맨발로 신속히 뛰어가 위험에 처한 사람을 구조했다.

구조 이후 알았지만 바로 그 주변에는 남편도 있었는데 그냥 장난치는 것으로 알았다고 한다. 구조 후 부부싸움을 하는 상황을 지켜보면서 문제를 문제로 인식하지 못하는 어리석음에 안타까운 마음이 가시질 않았다. 모든 사고는 우연히 일어나지 않는다.

사고는 어느 날 갑자기 발생한 것이 아니라 이전에 경미한 징후들이 반복되고 그 과정 속에서 큰 사고가 발상한다는 것을 실증적으로 밝힌 것이다. 사소한 문제가 있을 때 이를 꼼꼼히 살펴 잘못된 점을 시정하면 대형사고를 사전에 방지할 수 있는데 징후가 나타났음에도 불구하고 이를 무시하고 방치하면 돌이킬 수 없는 대형재난으로 번질 수 있다는 것을 알아야 한다. 빙산의 일각이 드러나면 그 아래에는 이미 거대한 산이 숨겨져 있다. 문제의 움직임이 포착되었다면 그것이 아무리 작은 것이라도 대책을 강구하는 것이 험난한 시대를 살아가는 혜안이 될 수 있다.

우리 속담에 "호미로 막을 일을 가래로 막는다."라는 말이 있다. 사소한 일을 경계하지 못해 대형사고에 이르게 하는 어리석음을 의미하는 말이다. 불안전한 상황에 대처하려면 문제가 될 만한 싹은 미리 없애야 하고 자신을 둘러싼 주변의 움직임에 기민하게 대응해야 한다.

자녀교육도 마찬가지다. 어릴 때 아이가 어느 분야에 관심이 있고 소질이 있는지 진단을 해보아야 한다. 부모가 좋다고 해서 소질이 없는 분야에 아이를 내몰다 보면 반드시 실패하게 되어 있다. 멸치를 잘 먹인다고 해서 고등어가 될 수는 없다. 아이가 관심이 있고 소질이 있는 분야에 집중적으로 투자를 해야 한다. 예를 들어 공부에 소질이 없는 아이에게 오직 공부만 강제한다면 문제의 싹이 자라나게 된다. 문제의 싹을 빨리 자르지 않으면 자녀가 받는 스트레스는 물론 실패의 확률도 높아서 좌절감과 자존감을 떨어뜨리는 결과를 초래할 수 있다. 교육비도 만만찮은데 자원의 투입은 계속되고 성과는 나타나지 않는 기이한 현상이 계속될 것이다. 대학은 성적에 가로막혀 원하는 학과를 선택하지 못하고 졸업 후에는 전공학과에 무관한 취업을 하게 됨으로써 점점 상황이 악화되는 상황에 직면하게 된다.

직업은 좋고 나쁨이 없다. 다른 사람에게는 좋은 직업이라도 나에게는 그렇지 않은 경우가 있다. 중요한 것은 내가 좋아서 스스로 선택한 직업이어야 한다. 그래야 몰입할 수 있고 일을 놀이하듯이 할 수 있다. 모소 대나무가 말해 주듯이 인내심을 가지고 꾸준히 노력하면 당장은 성과가 나타나지 않더라도 언젠가는 한꺼번에 보상이 되는 큰 성과물을 보게 될 것이다.

요즘은 유아 때 다중지능검사를 하는 가정이 많다. 이 검사는 인간의 지능이 언어, 음악, 논리수학, 공간, 신체운동, 대인관계, 자기이해, 자연탐구 지능과 같이 독립된 8개 영역의 지능으로 구성되어 있다. 자녀교육도 자녀의 특성을 고려해서 시간과 돈을 투자한다면 개인-가정-사회가 선순환 구조를 형성하게 되어 모두에게 유익한 환경을 제공할 것이다.

## 〈인문학에 빠지다〉

나는 30여 년 동안 공직생활을 한 후 지식산업의 현장에서 리더십 강사를 했다. 사회교육 강사를 하려면 책을 많이 읽어야 했다. 그래야 콘텐츠가 축적되면서 강의 내용을 계속 업그레이드할 수 있다. 사실 나는 성장하면서 동화나 그림책, 인문 서적을 거의 읽지 못했다. 시골에서 자란 환경 탓도 있고, 성년이 되면서는 직업군인의 길로 들어섰기 때문에 접할 수 있는 책은 대부분이 야전교범 위주였다. 지금은 거의 모든 일상을 책과 함께 하고 있다.

책을 읽는 사람은 남다르게 생각의 밭을 일굴 수 있고, 책을 읽지 않은 사람에 비해 생각의 근육이 훨씬 더 발달되어 있다. 좋은 운동이 몸의 근육을 만들듯이 좋은 책은 생각의 근육을 만든다. 책 속에는 스스로 겪어보지 못한 경험들, 문제를 해결할 수 있는 놀라운 비밀과 삶에 대한 고급정보들이 들어있다.

한 분야의 책을 많이 읽다 보면 지식들이 걸러지면서 중첩되어 나타나는 부분이 있다. 그런 부분들이 산지식이다. 그런 지식들은 가치관 형성과 삶을 살아가는 데 지대한 영향을 미친다. 그리고 책은 어떤 것을 선택해야 하는 중요한 상황에서 마음과 태도를 현명하게 바꾸어 준다. 지금까지의 인생에서 선택의 출발이 좋지 않았더라도 책 읽기를 통해서 우리들의 삶을 아름답게 바꿀 수 있다.

나는 '북세통(book으로 세상과 통하다)'라는 프로젝트를 진행 중이다. '북세통'이란 북텔러(book-teller)가 한 권의 책 내용을 완전히 소화하여 그 내용을 작가의 입장에서 생생하게 전해 주는 새로운 독서문화다. 2018년 10월 협회세미나에서 회원들이 매우 의미 있는 제안을 했다. 독서의 계절을 맞이하여 책과 관련된 재능기부를 하자는 것이었다. 여기서 결정된 것이 '책을 대신 읽어주는 일'과 '작은 도서관에 책을 기증하는 일'이었다. 1년 동안 지역사회에서 85회의 재능기부 특강(베스트셀러 읽어주기)과 작은 도서관에 12,500여 권의 책을 기증했다. 결과는 매우 성공적이었고 지금은 '북세통'이 빠른 속도로 확장되고 있다.

'북세통'은 북텔러가 한 권의 책을 1~2시간으로 정리해서 특강 형식으로 진행한다. 청중은 강연을 듣는 동안 자연스럽게 책 한 권을 읽는 효과를 체험할 수 있다. 줄거리나 메시지도 쉽게 이해할 수 있고, 작가가 말하고자 하는 의도도 충분히 알 수 있도록 검증된 북텔러가 진행한다.

책 속에는 많은 지혜가 담겨져 있다. 그러나 마음은 있지만 바빠서 읽지 못하는 경우가 많다. 이제 읽지 않아도 '북세통'을 통해 책 한 권을 짧은 시간에 편리하게 들을 수 있다. 특히 북텔러의 감성, 영상, 이미지 등이 복합적으로 반영되어 전달되기 때문에 이해도와 공감도가 높게 나타난다. 또한 강의를 듣는 과정에서 '나도 저 책을 사서 읽고 싶다.'는 도서 구매 욕구가 자극되고 독서를 해야겠다는 욕망도 싹트게 되어 생활친화적인 독서문화에 긍정적인 영향을 끼치고 있다.

책은 지혜로운 생각과 현명한 판단을 갖게 한다. 그래서 매일매일 직면하고 있는 선택의 문제 앞에서도 당당하게 설 수 있도록 도와준다. 또한 우리 인생에서 선택의 출발이 좋지 않았더라도 책 읽기를 통해서 삶을 의도하는 방향으로 바꿀 수도 있다. 여러분들도 감명 깊게 읽은 책 한 권을 강의할 수 있는 북텔러의 능력을 갖추어 보라. 촛불 한 개로 수천 개의 초에 불을 붙일 수 있다. 많은 사람들이 북텔러가 되어 빛을 나누어 주는 자가 된다면 이 세상은 한층 더 밝아지게 될 것이다.

책들은 서로 연결되어 있는 경우가 많다. 저자들도 누군가의 사상과 영향을 받아서 책을 쓰게 된다. 자꾸 읽다보면 반복적으로 걸러지는 부분들이 있다. 이것을 지식의 거름망이라고 이름을 붙여 보았다. 지식의 거름망은 처음에는 듬성듬성해서 지식이 자꾸 빠져나가 버리는데 책을 자꾸 읽다보면 서서히 촘촘해져 간다. 지적인 완성도가 높여지는 것이다.

책 읽기의 최종 목적지는 책 쓰기이다. 책을 쓰게 되면 작가 스스로가 그 분야에 몰입되면서 전문성이 확보되고 그 내용이 마음속에 자리 잡게 된다. 내면화된 지식은 생활 속에서 그 책 내용대로 말하게 되고 행동하게 된다. 즉 저자 자신이 곧 콘텐츠가 되고 한 권의 책을 쓰고 싶다는 동기가 형성된다.

나는 우연한 기회에 지인의 소개로 모 주간지에 리더십 칼럼을 쓰게 되었다. 주간 신문에 월 1회씩 정기적으로 게재되는데 5년 동안 계속해서 쓰게 되었다. 그 과정을 거치면서 책도 많이 읽게 되었고 문장표현력도 향상되었다. 나는 리더십 강사를 하면서 나만의 책을 출판해 보고 싶다는 생각을 항상 해왔었다. 책이 출판되면 저자 직강이라는 타이틀을 내세우며 멋지게 강의를 하고 싶었다. 그런 나의 소망이 이루어지는 순간이 왔다. 그동안 칼럼 자료들을 참고하여 최근 자기개발서인 『사통팔달 리더십』 책을 출판했다. 책 쓰기에 성공한 것이다. 내 저서를 받아드는 순간 그 기쁨은 상상 이상이었다. 자신의 책을 출판한 사람은 삶이 주는 최고의 학위를 받는 것이라는 말도 있다. 책을 쓴다는 것은 그 분야의 전문성을 인정받는 중요한 요건이 되기 때문이다. 이제부터는 1년에 한 권씩 꾸준히 저작 활동을 할 생각이다.

요즘 나는 1단계 삶인 60세까지 삶을 정리하는 차원에서 나의 자서전 쓰기에 집중했다. 내 인생을 한 권의 책으로 정리한다는 것도 큰 의미가 있을 것이라는 생각이 들었기 때문이다. 3개월간 꾸준히 글을 쓴 결과 60년의 인생이 한 권의 책으로 탄생되었다.

자서전이 완성되면서 새로운 프로젝트 구상을 했다. 요즘 사람들이 자서전을 남기고 싶은 마음이 간절하지만 글을 쓴다는 어려움 때문에 포기하는 경우가 많다는 사실을 알았기 때문이다. 이런 사람들을 위해 도움이 될 수 있다는 취지에서다. 그래서 200여 개의 질문 형식으로 된 『내 인생의 자서전 쓰기』라는 노트를 출판했다. 그리고 도서관 협회 〈길 위의 인문학〉의 공모사업에 제안을 했다. 다행히 사업이 채택되어 일반인들을 모집해서 자서전 쓰기 과정을 개설했다. 교재는 내가 개발한 『내 인생의 자서전 쓰기』를 활용했고 20회차를 편성해서 진행한 결과 호응이 좋았다. 자서전 쓰기 과정을 진행하면서 학습자들이 겪는 어려움을 파악할 수 있었다. 이 어려움을 효과적으로 해결할 수 있는 방법이 뭘까 생각하다가 '자서전을 쓰는 방법'에 대해 책을 써야겠다는 생각을 했다. 이후 이론보다는 실무에 집중하고 질문과 답(사례)을 함께 제시하는 형태로 이 책을 집필하였다. 앞으로 『내 인생의 자서전 쓰기』라는 자서전 노트와, 자서전을 쉽게 쓸 수 있도록 작성된 이 책 『내 인생의 자작나무』를 함께 활용하여 많은 사람들이 자서전 쓰기에 참여할 수 있도록 도울 생각이다.

제5부

# 자서전의 말미

자서전의 말미에는 자서전의 초반부, 중반부에서 다루지 못했던 기타 내용을 적어주면 됩니다. 즉 생애주기 순서와 관계없이 인생을 살면서 삶 전체에 영향을 미쳤던 내용이나 성과물이라고 볼 수 있습니다.

내 인생의 자작나무

# 자서전의 말미

자서전의 말미에는 자서전의 초반부 중반부에서 다루지 못했던 기타 내용을 적어주면 됩니다. 즉 생애주기 순서와 관계없이 인생을 살면서 삶 전체에 영향을 미쳤던 내용이나 성과물이라고 볼 수 있습니다, 예를 들면 추억이 되는 기록물(편지, 여행기, 자작 글 등), 내 인생의 10대 뉴스, 미리 써보는 유언장, 맺음말 등입니다.

## 추억이 되는 기록물

추억이 되는 기록물은 삶의 궤적에 따라 다양한 모습으로 나타날 수 있겠지만 편지, 여행기, 자작 글 등을 생각할 수 있습니다.

편지는 자신이 과거 가족들이나 지인들에게 썼거나 받았던 편지, 자서전을 쓰는 시점에서 가족들에게 하고 싶은 말 등을 기록해주면 됩니다. 만약 지난 시절의 편지가 보존되어 있으면 그것을 스캔해서 원본 그대로 편집해 주면 이를 읽는 사람들에게 큰 감동과 현장감을 줄 수 있습니다. 보존된 편지가 없으면 지인들에게 하고 싶은 말 위주로 기록하면 됩니다.

여행기는 여행하면서 보고, 듣고, 느끼고, 생각한 것을 시간 순서식 혹은 주제별로 씁니다. 글쓴이에게는 여행기나 탐험기가 되고 읽는 이에게는 여행안내서가 될 수 있습니다. 오랜 기간의 여행은 일기형식의 기행문으로 쓰는 것이 좋습니다. 그리고 편지 형식의 기행문은 여행하면서 보고 듣고 겪고 깨달은 것을 상대와 대화하듯 정감 있게 쓰면 됩니다. 또 여행하면서 느낀 점을 기행문 사이사이에 여행의 감흥을 시(詩)로 써서 곁들이는 것도 좋습니다. 여행을 다녀온 기록이 없으면 당시의 사진이나 동참했던 지인들과 인터뷰를 통해서 기억을 소환할 수 있습니다. 여행기는 사진과 글을 동시에 정리해 주면 좋습니다.

자작 글은 지금까지 살면서 틈틈이 기록해 두었던 글로서 시, 산문, 수필, 독후감, 고급정보, 성과물, 반성문 등을 기록할 수 있습니다. 이런 글은 작성했던 시기나 배경, 느낌 등을 함께 정리해 주면 본인은 물론 그 글을 읽는 사람들에게 훨씬 더 좋은 감동과 자료가 될 수 있습니다.

## 내 인생의 10대 뉴스

내 인생의 10대 뉴스는 지금까지의 삶을 되돌아보면서 변곡점을 중심으로 가장 기억에 남는 일화 즉 성공, 승진, 합격, 발전, 도전, 장애물, 여행, 독서, 보람, 봉사, 교육, 결혼, 임신 및 출산, 손자 등 내 주변에서 일어날 수 있는 다양한 사건을 상정해 보면서 작성할 수 있습니다. 중반부의 생애주기별 작성 내용과 중복되는 부분도 있겠지만 자금까지의 삶 전체를 개관하면서 중심 메시지로 정리할 필요도 있습니다.

한편, 10대 뉴스는 자서전을 완성 이후부터 매년 연간 10대 뉴스를 정리해보는 것도 좋습니다. 10년이 지나면 100대 뉴스가 되고 나중에 자서전을 다시 작성할 때 좋은 자료가 될 수 있습니다. 또 자전적 수필을 쓴다면 글감으로도 손색이 없습니다.

**▶인생의 10대 뉴스 예시글**

나는 기억을 온전하게 보존하고 더 좋은 삶을 살기 위해 지금부터 매년 내 인생의 10대 뉴스를 찾아서 정리하려고 한다. 매년 10대 뉴스가 쌓이게 되면 10년 후 다시 자서전을 정리할 때 좋은 글감이 될 것이다. 그리고 1년간 있었던 일을 정리하는 것은 오랜 기억을 더듬어 가는 것이 아니어서 비교적 정확한 사실을 기록할 수 있으리라 생각한다. 또 중요한 것은 10대 뉴스감을 만들기 위해 내 인생을 더 발전적으로 설계할 수 있다. 한해를 돌아보면서 특별한 뉴스거리가 없었다면 자신의 삶이 만족스럽지 못하여 새해는 더 좋은 삶이 되려고 힘쓸 것이다. 올해의 내 10대 뉴스(예시)를 정리해 본다.

| 구분 | 내용 | 구분 | 내용 |
|---|---|---|---|
| 1 | 계룡산 삼불봉에서 정기를 받다. | 7 | 인문독서 아카데미에 참여하다. |
| 2 | 생애 첫 내 책을 출판하다. | 8 | 북텔러(bookteller) 자격을 취득하다. |
| 3 | 봉사단체에서 활동하다. | 9 | 손자가 태어나다. |
| 4 | 자서전을 집필하다. | 10 | 마이산, 내장산을 탐방하다. |
| 5 | 독서문화캠프를 진행하다. | 11 | 단테의 『신곡』을 읽다. |
| 6 | 가족 여행을 하다. | 12 | 완전한 프리랜서가 되다. |

이하 항목별 세부 내용(생략)

## 미리 써보는 유언장

미리 써보는 유언장은 그 자체가 완전한 것은 아닙니다. 이것을 작성하다 보면 삶의 소중함을 느끼게 되고 남은 삶을 어떻게 살아야 할 것인지 성찰의 계기도 됩니다. 그리고 주변인들과의 관계도 더 좋은 방향으로 나아갈 수 있도록 노력하게 됩니다. 유언장을 미리 쓴다는 것이 어색할 수 있고 망설여질 수도 있습니다. 왜냐면 이 내용이 생전에 주변인들에게 공개될 수 있기 때문입니다. 따라서 주변인들에게는 상처가 되지 않으면서 자신의 진심이 드러나게 작성해야 합니다.

사람들은 평소 '죽음'이라는 것을 두려워하거나 염두에 두지 않습니다. 죽음이라는 것이 나에게는 일어나지 않을 일이라고 생각하기도 하고, 내가 상상하고 있는 미래에는 항상 내가 그 자리에 있을 것으로 생각하기 때문입니다.

통상 60세가 지나면서 죽음이란 두려움이 나타나기 시작합니다. 그래서 건강관리도 신경 쓰게 되고 무언가 의미 있는 일을 찾아 나서기도 합니다. 하지만 죽음을 앞둔 시점에는 나라는 존재보다 나 없이 남겨질 가족들의 모습이 먼저 떠오르게 됩니다. 예전에 느꼈던 죽음 자체의 두려움보다는 남겨진 사람들이 어떻게 살아갈 것인가가 스스로를 두렵게 합니다. 그래서 유서를 통해 가족들의 안위를 보살피게 되는지도 모릅니다.

아직은 할 일도 많고 죽음이라는 것이 먼 이야기인 것처럼 느끼는 것도 사실이나 유언장을 미리 써 보는 이유는 남은 삶을 더 잘 살기 위해서입니다. 그래서 미리 써보는 유언장의 시제는 현재입니다. 미리 써보는 유언장은 지난 삶을 성찰해보고, 주변인들과의 관계도 살펴보고, 삶의 소중함도 깨닫고, 가족들에게 전하고 싶은 이야기도 생각해 보는 기회가 됩니다.

지난날을 돌이켜 보면 항상 아쉬운 맘이 들기 마련입니다. 열심히 산 것 같으나 삶의 지혜나 통찰력이 부족해서 실수하고, 넘어지고, 손해를 보기도 하고, 피해를 주기도 합니다.

모든 것이 영원할 것 같은 착각 속에 살다 보면 건강을 과신하고 잘 난체하기도 하고 무모한 행동도 서슴지 않습니다. 내적인 가치를 추구하기보다는 외적인 가치에 치중함으로써 삶의 진정한 의미나 행복을 깨닫지 못하게 되는 경우도 있습니다.

미리 써보는 유언장은 어떤 의미가 있을까요? 내가 살아온 과거를 다시 들여다보게 되고 내가 만났던 수많은 존재들을 생각하게 합니다. 내 주변에 있는 존재들을 좀 더 소중히 다루어야 하지 않을까 생각해 보는 계기를 갖게도 합니다. 유언장은 소중한 사람들을 위한 배려입니다. 하지만 유언장을 미리 준비하는 사람은 많지 않습니다. 유언장은 나이와 관계없이 미리 써 보는 연습을 해보는 것이 좋습니다. 유언장을 작성해 보고 나서 수시로 들여다보며 내용을 갱신해 보는 일도 중요합니다. 작성된 유언장을 매년 들여다보면 생각이 깊어지고 유언장 내용은 더욱 정교해집니다.

**▶미리 작성해보는 유언장 예시**

나를 떠나보내고 슬퍼하고 있을 사랑하는 가족들에게 슬픔을 거두라고 당부하면서 이 글을 남긴다. 지난 세월을 돌이켜 보니 주어진 여건에서 최선을 다했고 미련도 후회도 없이 잘 살다 간다. 그리고 가족들에게 넘치는 사랑도 받았고 주변 사람들과의 관계도 원만히 지내서 더 이상 바랄 것이 없다. 앞으로 더 살아도 예전처럼 더 좋은 삶을 살기는 어렵다고 생각하기에 아쉽지도 않다. 나이가 들면 병들고, 의지대로 행동하기도 어렵고, 가족들에게 짐이 되는 상황이 올 수밖에 없다. 오랜 병마와 싸우는 것보다 오히려 고통 없이 죽는 것도 축복이지만 그것이 쉽지 않은 일이라 인생의 끝자락은 아름답지 못한 것 같다. 내가 살아생전 다짐했던 사전의료의향서도 그런 의미에서 작성된 것이다. 내가 죽거든 3일간은 장례하고, 3일간은 슬퍼하고, 3일간은 마음을 추스르는 기간으로 삼아 10일 내 모두가 본연의 삶으로 돌아가길 바란다. 지금 유서를 쓰고 있는 나 자신도 이 시간을 담담하게 맞이하고 있다.

먼저 인생의 반평생을 함께 해준 아내에게 고맙다는 말을 전합니다. 어려운 환경 속에서 반평생을 전업주부로 살면서 오직 가족들만을 위해 헌신한 수고에 고마움과 경의를 표합니다. 나에게는 밝고 친구처럼 그리고 주변인들에게는 호감을 많이 받으면서 살아온 당신의 삶에 찬사를 보냅니다. 자식들에게도 엄마로서 역할을 충분히 해주어서 아이들이 멋지게 성장할 수 있었습니다.

결혼 당시 맨손으로 시작하여 알뜰살뜰하게 저축하며 살았고, 빚 한번 지지 않고, 아이들 대학까지 가르치고, 보금자리 집까지 마련했으니 더 이상 바랄 것 없는 소소한 행복이 가득한 삶이었습니다. 가끔은 힘든 일도 있었지만 그런 것들이 우리 가족을 더욱 끈끈하게 만들어 주지 않았나 생각이 듭니다. 특히 몸이 아프고 어려운 상황에 직면했을 때마다 언제나 내 편에서 응원해주던 당신의 모습이 주마등처럼 떠오릅니다. 당신의 보살핌과 응원이 없었다면 오늘날 이와 같은 안정된 생활을 하지 못했을 것입니다. 가벼운 맘으로 떠나니 안타까워하거나 슬퍼하지 마세요. 아이들이 결혼 후에도 서로 의지하고 행복을 함께 나눌 수 있도록 버팀목 역할을 해주세요. 이 세상을 마감하지만 저 세상에서 다시 가족들을 만날 것을 생각하니 가볍고 두려운 마음 없이 편하게 떠나갑니다. 나를 기억할 때 눈물이 아닌 웃음으로 기억해 주면 좋겠습니다.

사랑하는 아들과 딸! 언제나 나에게 씩씩하고 멋진 모습으로 다가와 줘서 고맙다. 아빠로서 너희들의 진로에 많은 도움을 주지 못해 아쉽다. 너희들에게 해주고 싶었던 것들이 마음속 깊은 곳에는 상상의 그림으로만 가득했다. 그러나 무엇보다도 다행인 것은 너희들의 삶이 부모의 강요가 아닌 너희들 스스로 선택해서 인생의 주인으로 살고 있다는 것이 기쁘다. 모든 부귀영화도 너희들이 선택하지 않은 삶이라면 아무 의미가 없다. 아빠는 너희들의 삶이 즐겁고, 의미 있고, 품격있는 행복한 삶이 될 것이라고 확신한다. 부모들이 모두 너희들 곁을 떠나더라도 너희들은 주기적으로 만나서 회포도 풀고 끈끈한 정을 나누며 살기 바란다.

아빠가 지금까지 살아오면서 중요한 가치는 '자기애(愛)', '역지사지'였다. 인간관계의 근본을 항상 여기에 두려고 노력했다.

자기애(愛)는 자기의 정신과 육체를 사랑하는 것이다. 정신적인 부분은 내적인 가치를 추구하는 것이다. 즉 끊임없는 배움을 통해 지식과 정보를 축적하는 것과 마음의 정결함을 통해 선을 베푸는 일이다. 육체를 사랑하는 것은 건강관리를 통해 왕성한 체력을 유지하는 일이다. 50대 이전은 젊음의 패기와 왕성한 에너지를 발산할 수 있어서 건강관리의 중요성에 대해 간과하기 쉽다. 그래서 절제 감각이 둔하게 되고 몸을 함부로 다룬다. 그러나 50대 이후가 되면 그동안 함부로 다루어진 것들이 축적되어 건강 이상 증상이 빠르게 나타나기 시작한다. 건강을 과신하지 않는 것이 중요하다. 아빠는 정신적인 부분은 어느 정도 관리가 되었으나 육체적인 부분은 건강을 지나치게 과신하여 문제를 키운 것이 후회로 남는다. 인생은 노후가 아름다워야 한다. 노후의 삶은 생활의 안정과 건강이 가장 중요하다. 따라서 평소 노후 대비는 가장 중요한 숙제이다.

역지사지(易地思之)는 어떤 문제가 발생할 때 상대방의 입장에서 생각해 보고 다름의 차이를 인정하는 것이다. 관계에서 오는 갈등의 씨앗들은 모두 역지사지의 부족에서 온다. 자기주장이 강하면 사람들로부터 멀어지게 되고 대인관계의 장애가 된다. 이기적인 것보다 이타적인 것이 때로는 손해 볼 수 있지만 인생의 먼 끝자락에서 보면 이타성이 좋은 삶이다. 희극 배우인 찰리 채플린은 그의 어록에서 "가까이서 보면 비극이지만 멀리서 보니 희극이었더라."라고 했다. 지금의 삶이 당장은 힘들고 고통스럽더라도 지나고 보면 그것들이 모두 보배였음을 알게 된다. 행복이 마냥 즐거움만의 산물은 아니다. 고통이 행복을 견인한다는 사실을 잊어서는 안 된다. 지치고 힘든 상황이 삶을 짓누를지라도 겸허하게 받아들이는 수련의 자세가 너희들의 미래 삶을 더욱 빛나게 할 것이다.(이하 생략)

이 예시글에서는 유서의 디테일한 부분은 생략되었다. 가정사에 얽힌 문제나 재산 정리 등 법적인 절차들이 상세하게 정리된다면 더욱 좋은 내용들로 정리될 수 있다

## 자서전 맺음말

맺음말은 자서전 쓰기를 마치면서 전체 내용을 정리를 해주는 글로서 글을 쓰게 된 소회, 바람, 감사, 사랑, 다짐, 기대 등을 적절하게 정리해 주면 됩니다.

먼저 자서전 쓰기를 완성한 자신에 대한 찬사와 감동을 전할 수 있습니다. 그리고 이 자서전을 받는 이들이 기록의 중요성을 인식하게 하고, 자서전을 통해 인생을 체계적으로 정리하고, 지난날을 반추하게 하고, 우리의 삶이 얼마나 소중한지를 스스로 깨닫게 하고, 미래의 방향성을 제시하고, 위기를 극복할 아이디어와 영감을 얻을 수 있게 하여 이들의 삶 속에서 좋은 자산이 될 수 있도록

조언하는 내용이 되면 좋습니다.

▶ **자서전 맺음말 예시**

계획된 일정에 맞추어 자서전 쓰기를 완성한 자신에게 찬사를 보낸다. 그리고 항상 격려와 도움을 준 아내에게도 감사를 전한다. 그동안 염원이었던 나의 자서전을 완성하고 나니 감개무량하고 큰 보람이 아닐 수 없다. 이 자서전은 우리 가족들에게만 열람할 수 있도록 10권을 출판했다. 이 책을 받은 이들은 소중히 간직해 주길 바라고 가끔 내가 생각날 때 들여다보면서 잔잔한 미소를 지어주었으면 좋겠다.

이 책을 가족들에게 선물할 생각을 하니 기쁨과 보람이 교차하고 기대도 많이 된다. 예전에는 자서전을 쓴다는 것은 유명한 사람들이나 돈 있는 사람들의 전유물로 생각하였다. 하지만 요즘 사람들은 자기만의 콘텐츠를 가지고 글을 쓰는 사람이 많다. 자신의 이야기를 묶어서 한 권이 책으로 발간을 하기도 하고 언제 어디서나 사진이나 글을 다른 사람들과 공유하기도 한다. 사랑하는 우리 가족들도 적어도 60대 이전과 이후 두 번 정도 나누어서 자서전 쓰는 것에 도전 해보면 좋겠다. 자서전을 쓰게 되면 자신의 삶이 더욱 풍요로워질 수 있기 때문이다.

이 자서전은 순전히 나의 기억과 몇 장의 사진만을 참고해서 작성했다. 많은 기억이 사라졌지만 그래도 자서전에 쓰인 내용은 홍

미진진, 도전, 장애물의 극복, 보람, 감사, 아쉬움 등 장기기억을 더듬어 정리했다. 삶은 기억이라는 말이 있다. 다시 말해서 기억되는 것만이 자신의 삶이 될 수 있다는 말이다. 만약 내 삶을 기억해 주는 또 다른 사람이 있다면 그 기억도 내 삶이라고 할 수 있다. 이 자서전을 통해서 내 가족들이 나의 삶을 기억해 준다면 나는 2세대를 살아 수 있고, 이 자서전이 3세대에 전해진다면 3세대까지도 살아 있을 것이다. 기록되지 않은 기억은 완전할 수 없다. 틈틈이 자신의 삶을 기록하는 습관을 갖기를 바란다.

기록되지 않은 기억은 왜곡되기 쉬워서 사실을 그대로 기록하기 쉽지 않다. 하지만 자기 삶의 기록은 결국 자신의 기억에 의존할 수밖에 없다. 만약 기억이 가물가물하다면 사건 당시에 함께 했던 지인들의 도움을 받아 작성하면 좋다. 그 기억은 훨씬 사실에 가까워질 수 있기 때문이다. (이하 생략)

# 맺음말

'호사유피 인사유기(虎死留皮 人死留記)'라는 말이 새롭게 등장하고 있습니다. "호랑이는 죽어서 가죽을 남기고 사람은 죽어서 기록을 남긴다"는 말입니다. 보통 사람들이 후세에 명예를 남긴다는 것이 쉽지는 않습니다. 그러나 자신의 역사를 기록으로 남길 수는 있습니다. 최근 들어서 자신의 삶을 기록으로 남기려는 사람들이 늘고 있습니다. 그 이유는 자신의 삶을 되돌아보고 무언가 흔적을 남기고 싶기 때문입니다. 자신의 삶이 흑역사로 가득해서 기억하고 싶지 않다고 말하는 사람들도 있지만 그런 사람들도 자서전을 쓰다 보면 자신의 삶을 성찰하게 되고 자신의 삶이 얼마나 소중한지 알게 됩니다.

자서전은 살면서 한 번만 작성하는 것은 아닙니다. 삶의 변곡점마다 언제든지 쓸 수 있습니다. 지난 삶을 성찰하고 다가올 삶에 대비하는 세대들에게 필요한 장르입니다. 요즘은 중고등학교에서도 자서전 쓰기 교육과정이 운용되기도 하고, 학생지도용 자서전 책도 시중에서 판매되고 있습니다. 자서전 쓰기는 나이와 상관없이 생애주기별 혹은 변곡점마다 작성하면 좋습니다. 그리고 언젠가 시기를 잡아서 전체를 묶을 수도 있고 재편집할 수도 있습니다.

매년 연말연시가 되면 세계 10대 뉴스, 대한민국 10대 뉴스가 등장합니다. 여러분들의 한 해 10대 뉴스는 무엇인가요? 매 연말 자신들의 10대 뉴스를 기록해보세요. 10년 후면 100대 뉴스가 될 겁니다. 이런 자료들은 자서전은 물론 자전적 에세이를 쓰는 데도 매우 유용한 자료가 될 것입니다. 1년 단위로 기록되기 때문에 기억도 비교적 생생할 겁니다. 그리고 올해의 10대 뉴스를 작성하다 보면 자신의 삶을 성찰하는 계기가 됩니다. 지난 1년의 삶이 무의미한 시간이 많았다면 새해를 보다 가치 있게 설계하게 하는 동기도 갖게 합니다.

## | 참고문헌 |

_서상윤 · 정대용 · 정예경, 「내 인생의 자서전 쓰기」, 2020.

_린다 스펜스, 「내 인생의 자서전 쓰는 법」, 2016.

_강진 · 백승권, 「손바닥 자서전 특강」, 2017.

_김중수, 「국어시간에 자서전 쓰기」, 2020.

_김영민, 「기획 특강」, 2010.